Le Davido CHaD en situation

Test clinique et projectif de personnalité

Collection C-Psy

dirigée par Roseline Davido

Indonesian Terrorists in Psychoanalytical Perspectives, Sarlito Wirawan Sarwono
Art-thérapie, autisme et dyslexie, Maryse du Souchet-Robert
The Davido-CHaD Test in Clinical Practice, Roseline Davido
L'éthique dans les pratiques de la psychologie et de la relation d'aide, S. Trinquier
Comprendre les gribouillis : un miroir de l'Inconscient, Roseline Davido
La féminité dévoilée dans les rêves, Sylvie Trinquier
Le dyslexique et l'aquagraphie, Maryse du Souchet-Robert
Et l'émotion se fait chair, Marie-Jeanne Trouchaud
Le corps humain dans les rêves, Sylvie Trinquier

www.editionsducygne.com
ISBN : 978-2-84924-431-9

Roseline Davido

Le Davido CHaD en situation

Test clinique et projectif de personnalité

Préface de Giselle A. Hass

Éditions du Cygne

à Julie

à Margot

D = Detecting
A = Abuse
V = Victim
I = Intelligence
D = Diagnostic
O = Origin

C = Childhood
Ha = Hand
D = Disturbs

Préface

J'ai découvert le CHaD-Test et son auteur, Roseline Davido, lors de sa présentation au Congrès de la Society for Personality Assessment, S.P.A., à New York, en 2014. Ses cas m'ont beaucoup intéressée et j'ai voulu en apprendre plus sur ce test. En l'utilisant, dans le cadre de ma mission de Psychologue Clinicienne, Expert près des Tribunaux où je fais des bilans psychologiques pour des postulants à l'immigration, j'ai été séduite par sa simplicité d'administration, son efficacité et ses résultats rares en psychologie clinique qui permettent une relation si proche avec le sujet, quelle que soit son origine, le CHaD donne l'opportunité au psychologue d'accéder à l'expérience personnelle du sujet en lui donnant la liberté de s'exprimer librement en dépit des barrières de la langue, de sa culture. Le CHaD lui permet aussi de surmonter ses appréhensions et de le mettre en confiance : ce qui est très utile pour un psychologue qui est d'une culture différente. En tant que test projectif, le CHaD permet au psychologue de s'immerger dans le monde réel et vécu par le sujet à travers ses propres expériences qui l'ont amené à devenir le sujet qu'il est aujourd'hui, sans lui donner l'impression que le psychologue mène sa consultation sur un mode intrusif, loin des codes et des supports stéréotypés des autres tests projectifs : il permet au sujet de s'exprimer facilement, car le sujet ne se sent pas confronté à des schémas culturels et codifiés qui lui sont étrangers et qu'il redoute. C'est au sujet lui-même de s'impliquer le plus naturellement du monde, il comprend que c'est, lui, individu « unique » que l'on teste et pas un être « lambda » dont les résultats aux tests seront comparés aux scores des autres. Pour des praticiens, comme moi, qui sont amenés à ne partager ni la culture, ni la langue, ni les aptitudes du sujet, c'est une approche rare, de voir se dérouler, sous nos yeux, sa propre histoire, ses expériences et cela va bien, au-delà des mots, puisque le sujet à la possibilité de ne s'exprimer qu'à travers ses dessins et sans paroles. Le psychologue s'immerge sans aucune contrainte dans le monde personnel du candidat à l'immigration et ce dernier abandonne ses réticences face à lui. Le praticien se sent humble, car il apprend à découvrir un individu unique, sans a priori.

Quand un sujet est capable de passer des tests psychométriques sophistiqués, lui proposer, en plus, un test comme le CHaD permet d'aborder des aspects plus profonds où il peut s'exprimer et se montrer tel qu'il est et se ressent.

D'autre part les enfants et les adolescents, généralement réfractaires, à toute évaluation, se sentent plus tranquilles et confiants dans cette forme de consignes et de passation : ils ne se sentent pas menacés par une expertise qui pourrait les inquiéter.

Nous sommes conscients des critiques généralement faites aux méthodes empiriques qui elles n'ont pas le cadre structuré des tests psychométriques dont les standards, eux ne sont pas controversés : ils ont un cadre et des statistiques étalonnées qui sont érigés en modèle référent.

Le CHaD permet au psychologue de dégager un bilan de personnalité plus complexe et plus riche que celles des autres méthodes proposées au psychologue : car le climat créé par ce test est unique et amène à de nouvelles interactions entre celui qui fait passer le test et son patient. Il permet au sujet de révéler le merveilleux monde qu'il a en lui. Ces expériences uniques et émotionnelles que le sujet nous amène à entendre, ne ressemblent en rien à ce que peuvent apporter les autres tests. Le CHaD transforme l'approche des tests projectifs, il est plus respectueux du sujet que les autres méthodes, le psychologue redevient humble devant tant de personnalités aux vies insolites et exceptionnelles. Si cette méthode est si riche et intéressante pour le sujet en revanche, pour le praticien, elle n'est pas aussi simpliste, rapide et a-culturel qu'elle pourrait le paraître, le psychologue doit se référer à un cadre strict, des connaissances complexes et une approche objective afin d'interpréter et d'extraire, le plus fidèlement possible ce que le sujet lui a transmis. C'est un test important pour les psychologues qui cherchent à atteindre une connaissance plus profonde de l'expérience du sujet car le CHaD permet au sujet de se livrer plus facilement lors d'une séance où il se sent libre de s'exprimer avec ou sans paroles, dans un contexte favorable.

Giselle A. Hass,

Psychologue Clinicienne, Expert près des Tribunaux
Washington D.C.

Introduction

Tout psychologue connait la difficulté d'établir « le » diagnostic et surtout l'origine des troubles psychiques et/ou de comportements d'un sujet. Le Davido-CHaD [4,12,13], utilisé depuis plus de 30 ans dans des situations très diverses, a montré qu'il s'approchait très efficacement de ce but recherché : comprendre le pourquoi (le traumatisme, l'anamnèse vécue et ressentie…), le comment (déviation de la construction psychologique…) et donc pouvoir agir pour libérer le sujet de sa souffrance, au moins en partie, qu'il soit enfant, adolescent ou adulte.

Pourquoi le Davido-CHaD réussit là où beaucoup d'autres tests échouent voire aggravent les problématiques du sujet ? Il me semble que c'est tout simplement parce qu'il donne la parole (souvent non oralement) au sujet et pas au psychologue et que cette parole est spontanée, elle est « naturelle » puisque les items proposés au sujet sont en relation directe avec lui-même, avec son corps, sans barrages, dans les trois temps de sa vie (le passé : dessin d'enfance , le présent : dessin des mains, le futur : la main qui gêne). C'est certainement ce qui explique une des raisons pour laquelle certaines populations rétives ou très « habituées » à la passation de tests projectifs ont accepté celle du Davido-CHaD, comme :

– Le groupe d'ex-terroristes [23,24] avait tendance à refuser tout test de personnalité de peur d'être jugé parce que les ex-terroristes pensaient que le test pourrait révéler des arguments à charge contre eux et utilisables par la Police, mais ces ex-terroristes se sont montrés beaucoup moins hostiles à la passation du Davido-CHaD qu'aux autres tests proposés et l'ont accepté plus facilement… Est-ce qu'ils ont senti qu'on parlerait d'eux et non de leurs actes ?

– On peut aussi donner l'exemple d'un serial killer (cas détaillé plus loin) qui s'est démasqué comme excellent stratège de ses crimes au Davido-CHaD alors que, lors des expertises psychologiques, il adoptait une attitude de « débile irresponsable », feignant de ne pas comprendre les questions du psychologue. Mais le Davido-CHaD démasque son jeu. (cas Babeh).

Comme fondamentalement, chaque être humain n'est en relation complète et fusionnelle qu'avec une seule personne, lui-même… Le Davido-CHaD est directement adapté au sujet, car le sujet parle enfin, de lui-même. Le psychologue en utilisant le Davido-CHaD, selon le protocole établi[12], accepte de ne pas être la vedette donc de ne pas être directif voire juge, mais de faire preuve de la plus grande empathie. En se mettant à la place du sujet, il devient capable de comprendre sa souffrance et de poser alors les bonnes questions : pas celles des stéréotypes psychologiques, toujours réducteurs (et donc inutiles?), dans le style : « *on va voir si vous avez une bonne mémoire !* » Pas les questions « *policières* » qui veulent apporter la « *preuve* » de présupposés, mais les questions qui permettent de *prolonger la parole du sujet* et donc comprendre le ressenti de ses traumatismes vécus et la véritable genèse de ses troubles psychiques et éventuellement pouvoir y apporter remède.

Dans le Davido-CHaD, *le sujet est parfaitement conscient que c'est de lui-même dont on parle, de sa peau, de son corps, de son vécu, de son ressenti.* Cliniquement cette situation est palpable car souvent, le sujet change de voix et/ou de comportement (voir le cas d'Elsa qui se jette sur une clef pour fermer le bureau) quand le sujet comprend que c'est lui qui est en situation, qu'il peut relâcher ses contraintes, ses non-dits et laisser, enfin, affleurer ses émotions.

I. Définition du Davido-CHaD

Le Davido-CHaD [4,12] est un test projectif de personnalité basé sur des dessins. Le matériel nécessaire est facile à se procurer : feuilles de papier blanc 21 /29.7, format A4, un crayon noir, des crayons de couleur. La passation du test débute par l'exécution de trois dessins que le sujet éxécute en réponse à des consignes précises, puis le testeur passe à l'entretien/enquête où des questions fondamentales (**QF**) sont à poser. Cette passation dure entre 10-15 minutes, le clinicien peut très vite examiner la problématique du sujet.

Consignes du Davido-CHaD

Le testeur propose trois consignes à tous les sujets ; une quatrième consigne est proposée à l'enfant âgé de 3 à 12 ans :

La première consigne **C** ou <u>le dessin d'enfance</u>

Le testeur énonce :

• pour l'adulte : « *dessinez le dessin que vous faisiez le plus souvent quand vous étiez enfant* ». Si le sujet montre quelques réticences, le testeur doit se contenter d'ajouter : « un dessin de votre adolescence » ou quelques généralités neutres et anodines pour le rassurer.

• pour l'enfant entre 3 et 12 ans : « *dessine le dessin que tu faisais quand tu étais plus petit* » et si l'enfant hésite, le testeur peut ajouter pour le rassurer : « quand tu étais à la crèche, en maternelle, à l'école… tu avais certainement un dessin que tu faisais souvent ».

La deuxième consigne **H** ou <u>le dessin des mains</u> :

La consigne est semblable pour l'adulte et l'enfant : « *dessinez des mains autant que vous voulez, dans la position que vous voulez, mais sans contourner votre propre main posée sur la feuille de papier* ».

La troisième consigne **D** ou <u>le dessin de la main qui gêne</u> :

Le testeur dit à l'adulte ou à l'enfant : « *dessinez la main qui gêne, la main qui dérange* ».

La quatrième consigne FD ou <u>dessin libre</u> : est utilisée pour les enfants entre 3 et 12 ans.

Le testeur propose à l'enfant cette dernière consigne, <u>*avant* ou *après*</u> la passation des trois items imposés : « *dessiner le dessin qu'il fait- actuellement- le plus souvent* » (FD). Cet item sert à mettre en confiance l'enfant qui est libre de faire autant de dessins qu'il veut. Dessiner ce qu'il veut d'emblée, avant la passation d'un test le rassure : tout examen psychologique peut déstabiliser un enfant.

Enquête

Juste après avoir recueilli chaque dessin, après chaque exécution, le testeur passe à l'enquête qui se déroule plutôt comme un entretien, en reprenant avec le sujet chaque dessin, en suivant l'ordre de la passation. Si le sujet est libre de dire ce qu'il veut, il est essentiel que le testeur pose, obligatoirement, certaines questions fondamentales (**QF**), à la fois très précises et très neutres, relatives à chaque item. Cette remarque va être développée dans d'autres chapitres qui montrent, combien, le testeur ne doit pas se considérer et se comporter comme un « technicien mais comme un praticien », il a une personne devant lui ; le testeur doit donc être apte à retenir, voire analyser tout l'environnement du test comme le comportement gestuel et oral du sujet, le temps de latence pour comprendre puis réaliser sur le papier les consignes, le niveau de cohérence entre les items, les commentaires spontanés du sujet et ses réponses aux questions.

L'originalité du Davido-CHaD

Le Davido-CHaD se différencie des autres tests projectifs de personnalité car :

• c'est le seul test projectif de type figuratif dont *l'ima gerie est effectuée par le sujet lui-même* : le sujet ne doit même pas contourner (c'est-à-dire en fait copier) sa propre main, ne doit pas et ne peut pas gommer ; tout est création, tout est dans l'imaginaire du sujet, le testeur ne fait appel à aucune référence, aucun stéréotype, aucun modèle; en reprenant le dessin (voire chaque dessin libre supplémentaire), après chaque exécution, le testeur évite que le sujet puisse changer, voire éliminer « son premier jet » et revenir à son contrôle, ses contraintes personnelles. La régression psychologique du sujet s'en trouve favorisée. En revanche, le testeur ne doit pas se priver de relever, pour son analyse ultérieure, toutes les ratures éventuelles et surtout ce qui a été raturé ainsi que les commentaires spontanés émis par le sujet.

• c'est le premier test projectif, *ego-centré*, où le sujet est directement « le » sujet et « seulement le sujet ». De plus, il est dans une situation de flou où presque rien n'est dirigé et/ou orienté : le testeur dit « dessin d'enfance » telle une idée… sans préciser d'âge ou de thème, le testeur dit « des mains »… mais « autant que l'on veut, dans la position que l'on veut… ». De même pour la main qui gêne. Durant la passation, le testeur n'intervient pas, ne commente pas ; même s'il est bienveillant, ses paroles doivent être neutres, anodines. La seule contrainte du testeur vis-à-vis du sujet est de tendre un crayon noir en donnant la feuille de papier pour les deuxième et troisième items.

• C'est le premier test projectif où le sujet se projette *à la taille de son corps* puisque la taille d'une main d'être humain est à l'échelle d'une feuille de papier 21/29.7 .

Quand on connait l'importance de la représentation cérébrale corticale des mains, imagée par l'Homonculus**,** on comprend mieux que c'est le sujet, tout entier qui se projette dans son dessin des mains.

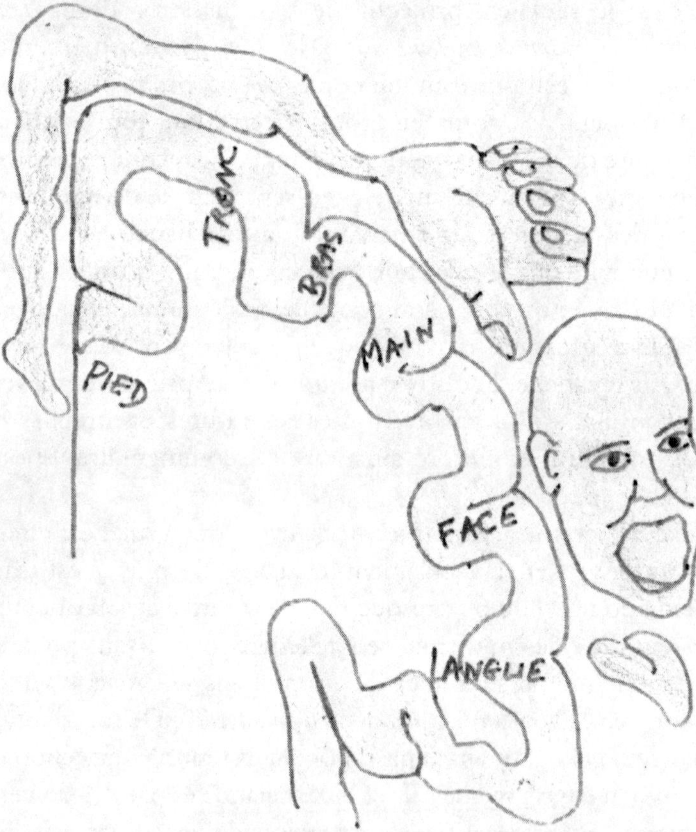

FIG 001
Homonculus

II. Développements Théoriques

Utiliser les trois consignes (ou les quatre consignes chez l'enfant) du Davido-CHaD, dans l'ordre chronologique, est une façon de reproduire un certain instantané de la vie du sujet : ce qu'il a été par le dessin d'enfance **C**, ce qu'il est devenu maintenant par le dessin des mains **H**, ce qu'il peut ou craint de devenir par le dessin de la main qui gêne **D**.

Aucune représentation graphique n'est le fait du hasard. C'est un langage non verbal traduisant notre état de maturation physique et psychique, notre adaptation plus ou moins réussie aux relations de la vie avec les autres ; c'est un langage englobant le corps et l'esprit, le conscient et l'inconscient. Ce langage et donc son interprétation ne sont possibles que parce ce que notre inconscient assure *un processus de symbolisation* entre le réel et l'imaginaire c'est-à-dire entre le réel, variable en temps et en genre et toute notre vie psychique.

Le conscient, qui regroupe nos actions, nos pensées, nos réflexions à chaque instant, n'est pas LA réalité mais notre propre réalité. Les faits que nous intégrons, dans notre inconscient, ne sont pas les faits objectifs mais des faits ressentis dans lesquels nous avons partie prenante ou bien nous nous sommes impliqués activement et émotionnellement. Que ce soit par l'énergie d'archétypes (Jung[19]), par refoulement (Freud) et/ou… *tout autre processus encore inconnu*, notre cerveau opère un traitement psychique de l'information que nous recevons et qui participe à notre construction psychique.

La vie associe le réel, l'imaginaire et le symbolique chez un individu dans un équilibre plus ou moins réussi et le rend ainsi original. Schématiquement, si on peut dire que le réel est l'ensemble des choses et des objets, que l'imaginaire sert à l'identification, c'est le symbolique qui permet *de nommer les choses, de prendre ou non de la distance par rapport à elles.* Si la fonction symbolique de l'inconscient est bien commune à tout être humain, les symboliques qui en résultent sont propres à chaque être et leur expression reste sous la censure du conscient, lui-même personnel chez chacun d'entre-nous, puisque très variable en fonction des faits, du temps, des circonstances. Ainsi ces processus psychiques, agissant de concert dans une sorte de va et vient, entre conscient et inconscient, aboutissent à autant de représentations psychiques qu'il y a d'individus suivant le degré, le type de contenu refoulé, le genre d'archétypes, d'images émotionnelles et bien d'autres choses inconnues… que l'inconscient accepte ou pas de laisser passer.

La puissance de détection du Davido-CHaD vient probablement du fait que ce va et vient conscient/inconscient affleure très vite durant la passation. En effet, étant donné que le test est égo-centré, de soi à soi, sans aucun apport extérieur :

– D'une part, les symboliques utilisées et/ou exprimées par le sujet dans le langage de ses trois dessins sont congruentes, puisqu'elles suivent la logique du sujet. Ces symboliques sont :

– non seulement analogues et homogènes, puisqu'elles proviennent de la même source fondamentale, le sujet lui-même, sujet qui évidemment ne change pas son imaginaire à chaque changement de consignes!

– mais aussi apparaissent directement, en positif puisque le sujet n'a pas à les projeter, les exprimer *par rapport* à… et/ou… *contre* quelque chose comme des images préétablies, les mêmes pour tout le monde et qui, pour lui personnellement, peuvent ne rien évoquer du tout.

– D'autre part, s'il y a bien, tout au long de notre vie, ce va et vient constant entre les champs de la conscience et l'inconscient, l'inconscient n'apparait directement qu'exceptionnellement comme dans le lapsus, le mot d'esprit, le gribouillis[10]. Il est masqué, en *symptômes*, par les contraintes et les limites imposées du conscient. Pour espérer s'en approcher, il faut que l'on mette le sujet dans des conditions où il va pouvoir régresser, c'est à dire laisser tomber un instant une partie de la censure que le conscient lui impose.

Ainsi demander à un sujet de dessiner, c'est déjà l'aider à se projeter et donc pouvoir utiliser ses constructions psychiques, sa symbolique, sans passer par la parole.

Dans le Davido-CHaD, on va très vite : pendant la réalisation des dessins, il n'y a rien de verbal, à part les consignes et le test étant centré uniquement sur la personne testée, aucune référence extérieure ne vient parasiter ce rapport de soi à soi : le sujet devient donc rapidement apte à lever un peu de censure, à « laisser parler son inconscient » et cela de manière très homogène puisqu'il n'y a qu'un « thème », lui-même, que ce soit dans le dessin d'enfance, le dessin des mains, le dessin de la main qui gêne, c'est le sujet seul qui se met en scène.

1. Développements théoriques du dessin d'enfance - C

L'adulte, que nous sommes devenu, coexistait déjà avec l'enfant que nous étions et comme a priori tout enfant a dessiné, on peut supposer que l'adulte connait un dessin de son enfance qui l'a marqué. L'adulte, qui dessine ce qu'il représentait le plus souvent quand il était enfant, revit le contexte dans lequel il a pu vivre son enfance ; il révèle son univers enfantin et les issues qu'ont pu emprunter ses conflits :

a) Le dessin d'enfance révèle, date et type des faits « oubliés »

...comme un traumatisme et/ou des désirs insatisfaits refoulés dans notre inconscient, qui ont fait évoluer la construction psychique de l'enfant, par certains types de voies, l'amenant à devenir un adulte, original et particulier sans et/ou avec peu ou beaucoup de pathologie. Tout enfant subit par définition des traumatismes physiques et/ou psychiques qui vont influencer son psychisme

mais l'adulte qu'il est devenu, lui, ne les reconnait pas en tant que tels ; il ne transmet le résultat de ces influences psychiques inconscientes que par ses *symptômes* reflet de ses propres mécanismes de défense. Durant toute la vie, des faits heureux ou malheureux, des traumatismes peuvent être «oubliés » en « s'évanouissant » dans l'inconscient ; ils sont donc interdits d'apparaître dans le conscient et donc en disparaissent mais *ils ne sont qu'interdits, pas détruits :* ils peuvent donc réapparaître plus ou moins brutalement mais, ayant été « traités » c'est-à-dire symbolisés, ils sont déguisés et/ou camouflés en symptômes.

Tout l'art de la psychologie, n'est-il pas de reconnaître ces symptômes et surtout de pouvoir les appareiller à la bonne construction psychique du sujet, construction fondamentalement originale.

La *signification symbolique* est propre à chaque individu mais :

• elle peut varier avec le temps et les circonstances : par exemple, le ressenti de frères et sœurs peut être très différent des uns des autres, même si les parents affirment (ils sont sincères) n'avoir fait aucune différence de méthode éducative vis-à-vis des uns et des autres

• d'autre part, des traumatismes, qui peuvent sembler anodins à certains d'entre nous, tant ils paraissent banaux, peuvent avoir pour des sujets des résonnances différentes et des conséquences graves pour d'autres individus. Tel fait, tel objet sera symbolisé par une personne et ne sera rien ou un simple mot pour une autre, ce qui peut amener le sujet à adopter un mode de vie, très proche de la « radicalisation », c'est-à-dire se mettre des œillères, adopter un comportement tout tracé, sans s'autoriser à se poser de questions.

Voici l'exemple historique de « La poupée de chiffon » [4]:

Mademoiselle B. est une femme très digne qui porte un chignon de cheveux blancs. Elle est âgée de 90 ans le jour de l'examen, vit en institution : elle reste très dynamique. Son occupation préférée est de tenir la bibliothèque et de faire plaisir au personnel médical et de leur tricoter des pulls.

À l'énoncé de la première consigne, d'emblée Melle B. se souvient qu'elle dessinait une poupée et elle s'exclame en dessinant : « c'est un peu foutu », puis elle demande si elle peut mettre de la couleur et ajoute : « là on peut dire que ça m'enchante… C'est une poupée de chiffon », dit Melle B. La poupée est bien proportionnée, bien campée sur ses pieds, les bras en croix, le visage et les mains sont roses, la robe est droite, de couleur bleue, fendue au milieu avec un col chemisier. Cette poupée est très harmonieuse, très soignée. Melle B. raconte : « J'étais la troisième fille, ma mère voulait un garçon… j'avais une poupée… quand j'ai eu 13 ans, ma mère m'a forcée à la porter à l'hôpital des Enfants-Malades. Donner ça à des enfants ! Moi, j'en prenais soin… Encore maintenant j'en souffre… Je n'aurais pas été plus triste si j'avais perdu un enfant. ». Durant l'enquête, Melle B. dit qu'elle ne s'était pas mariée, n'avait jamais eu d'enfant. Car, ajoute-t-elle, je ne voulais plus revivre l'éventuelle perte d'un enfant… La peur de le perdre aussi, comme sa poupée a «paralysé » cette femme et l'a en quelque sorte « radicalisée » car elle n'a jamais dérogé à sa ligne de conduite, ne plus souffrir… le deuil… semblable à cette poupée qu'on l'a, elle, obligée de « perdre ». Cet objet transitionnel était pour elle associé à l'enfant qu'elle aurait pu avoir et perdre… c'est ce qu'elle semble exprimer à 90 ans ! Est-ce que sa vie aurait été différente si elle avait pu exprimer sa détresse à sa mère quand elle n'avait que 13 ans ?

Quelques jours après cette passation, je présentais ce cas au staff du Service de l'Hôpital : Melle B. venait de mourir, tout le personnel était au bord des larmes, pas tellement parce qu'elle était morte mais parce que Melle B., qui avait vécu des relations extrêmement cordiales et affectueuses avec eux, pendant 12 années… n'avait jamais rien dit de la détresse qu'elle avait trainée toute sa vie, de sa problématique fondamentale celle de perdre un enfant comme… elle avait perdu sa poupée de chiffon.

Ce cas montre que toute la vie on peut garder en soi un fait, une situation… en fait un traumatisme, sans jamais savoir et/ ou pouvoir l'exprimer, même si apparemment « on donne le change » très convivial, cordial envers les autres et que ce traumatisme ou l'impossibilité de l'exprimer sont déterminants dans notre construction psychique et son orientation.

C

FIG 002

Melle B. dessin d'enfance C : la poupée de chiffon

Nous verrons dans les cas des ex-terroristes, que la voie adoptée par ces sujets a été, aussi, souvent liée à un traumatisme dans leur enfance. Tout traumatisme, heureusement… ne mène pas tous les individus à se « radicaliser » … (en devenant terroriste…)

Remarque importante sur « la période attribuée du dessin d'enfance » : en expertise judiciaire, celle-ci peut permettre de crédibiliser des faits judiciaires.

b) Le dessin d'enfance est un révélateur de secret

Celui que l'enfant garde par peur, honte, obéissance ou culpabilité vis-à-vis de ses parents, de sa famille. L'enfant sait bien, il est tout à fait conscient qu'un fait qui lui est arrivé, n'est pas « normal », n'est pas naturel par rapport à lui mais il *n'ose pas ou ne peut* en parler dans sa famille et/ou s'il en parle, par exemple à un tiers, le fait traumatisant peut ne pas être reconnu par incompétence ou conformisme social. La culpabilité peut devenir tellement envahissante que l'enfant peut devenir son propre bourreau. Voici des exemples :

Rappelons *l'exemple historique d'Elsa*, âgée de 6 ans, étiquetée mutique, qui ne fait que des gribouillis en dernière section de maternelle et qui va être dirigée vers une classe spécialisée. (Ce cas sera détaillé dans étude de cas). Le Davido-CHaD révèle le signe essentiel de la *régression inversée* : le dessin libre (dessin actuel) est en effet un gribouillis mais paradoxalement le dessin d'enfance, quand Elsa était plus jeune (dessin du passé) est très bien structuré ; de plus Elsa est capable de parler puisque, à l'enquête, elle dit : « Maman, Moi… 3 ans »… date à laquelle le père a commencé à l'abuser ; Elsa étant « le cadeau » de la mère au père et ne pouvant en parler à personne, cette fillette est devenue mutique, sa vie étant régie par d'autres épreuves que des soucis scolaires !

FIG 003
Elsa 6 ans, dessin libre FD Gribouillage

FIG 004

Elsa 6 ans : dessin d'Enfance (C) « maman, moi… »

Citons deux autres exemples : les scarifications et autres atteintes au corps, le cas de Léa et le cas de N.

• *Le cas de Léa* est décrit par Jacqueline Finkelstein-Rossi, dans sa publication : «Techniques projectives : 12 cas cliniques »*[1]. Celle-ci expose l'histoire d'une adolescente de 15 ans, adressée à une consultation de la Protection Judiciaire de la Jeunesse (PJJ) dans le cadre de l'assistance éducative. Cette jeune fille a fait plusieurs tentatives de suicide, « pique » des crises d'agressivité envers sa mère… et de plus se scarifie la peau. Jacqueline Finkelstein Rossi lui fait passer le Rorschach et le Davido-CHaD.

C'est au cours de l'entretien du Davido-CHaD que nous apprenons, à travers les dessins et précisément le dessin d'enfance, que cette jeune fille a subi, pendant les vacances chez ses grands-parents, juste l'été avant son entrée en classe de 6ème, des caresses de son grand' père, qui avait toujours eu, jusqu'à cet été- là, un comportement normal. Léa était si surprise qu'elle en arrivait à douter de la réalité des faits et n'osait pas se confier de peur d'être prise pour une « menteuse »… Le décès du grand-père dans les mois qui ont suivi ces abus sexuels n'ont fait que renforcer sa culpabilité.

Dans son dessin d'enfance, que Léa situe à l'âge de cet événement, elle dessine une maison, où le seul « lieu de vie » est le grenier, lieu où elle a été abusée. Ce type de « maison », de « grenier », m'a immédiatement rappelé le cas de N., une fillette âgée de 6 ans,

1. Éditions IN PRESS 2011, chapitre 4, 91-109

également abusée. Celle-ci dessine aussi une maison, semblable à celle de Léa, caractérisée par l'*absence de communications avec l'extérieur* et où *les visages des personnages sont des ronds vides…*

Les dessins des enfants abusés… aux autres dessins d'enfants abusés ressemblent... Nous allons voir que dans ces deux cas… de sujets qui ont 9 ans de différence, Léa a 15 ans et N. 6 ans, la scène où l'enfant a été abusée est représentée de manière semblable : une maison quasiment vide, avec un grenier meublé, un personnage sans visage étendu dans un lit et à côté, un autre personnage sans visage et asexué. La différence est que N. 6 ans met de la couleur dans son dessin, alors que Léa, adolescente de 15 ans dessine au feutre noir, tous les items. Les symptômes sont similaires et touchent à la peau : N. 6 ans s'arrache les cheveux et Léa 15 ans se scarifie et a attenté trois fois à ses jours, entre l'âge de 11 ans et aujourd'hui.

• *Le cas de N.* :

N., est scolarisée en dernière année de maternelle, elle a été signalée par son institutrice pour son « isolement », sa non-participation aux activités scolaires, elle s'arrache les cheveux, à tel point qu'elle a toute une partie du cuir chevelu à nu !

• Dessin d'enfance C :

FIG 005

N. 6 ans, dessin d'enfance C : c'est le lit de ma maman et de mon papa, où mon papa m'a mis son zizi dans ma bouche.

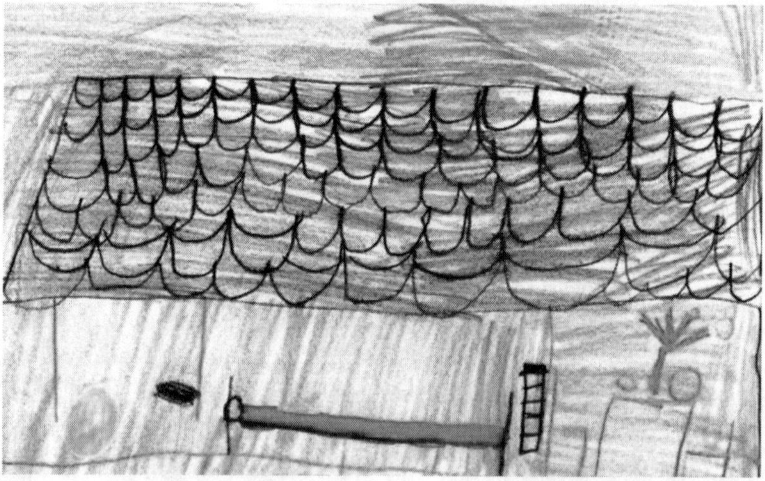

FIG 006

N. 6 ans. Détail de C : Une maison vide avec un grenier un lit, visages vides…

FIG 007

N. 6 ans Détail du Dessin d'enfance C : Le personnage, hors de la maison au visage vide, sans mains, sans pieds... N. dit que c'est elle.

Enquête et commentaires :

• Pour le dessin d'enfance **C** : « Je n'aime pas les feutres, ça fait des taches! ». N. préfére, donc, utiliser les crayons de couleurs, mis à sa disposition. N. dit qu'elle avait 5 ans quand elle dessinait cette maison avec un grenier : «C'est moi dehors». Le lit dans le grenier c'est «celui de maman et papa, le lit où mon papa m'a mis le zizi dans la bouche».

Dessin des mains H : Il s'agit d'un grand nombre de mains, il y en a 23…

Plus l'enfant dessine de mains, plus, il cherche à exprimer son « secret ».

FIG 008

N. 6 ans dessins des mains H

Réponses aux questions fondamentales QF pour **H** :

• À qui appartiennent ces mains ? les mains « sont à maman, à moi, à mon frère, à mes cousins, mes cousines, à mon parrain et aussi ma marraine, le parrain et la marraine de mon frère… C'est tout ». «Elles cueillent des cerises avec mon grand père et avec ma grand'mère, après cette histoire. »

• Que font ces mains ?: «Elles vont dans tous les sens, elles attrapent les cerises».

Pour le dessin de la main qui gêne **D** :

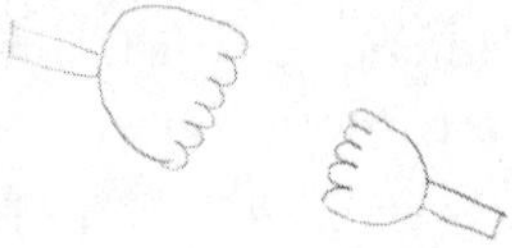

FIG 009

N. 6 ans dessin de la main qui gêne, D : les mains de ma maman

À la question (QF), à qui appartiennent ces mains ? : N. répond : « Les mains de ma maman » et… *changement de comportement,* N. prend une autre feuille et dessine un personnage inachevé, sans visage, sans mains, sans pieds et commente ainsi : « *les mains de maman, je mets des flèches où elles me caressent.* »

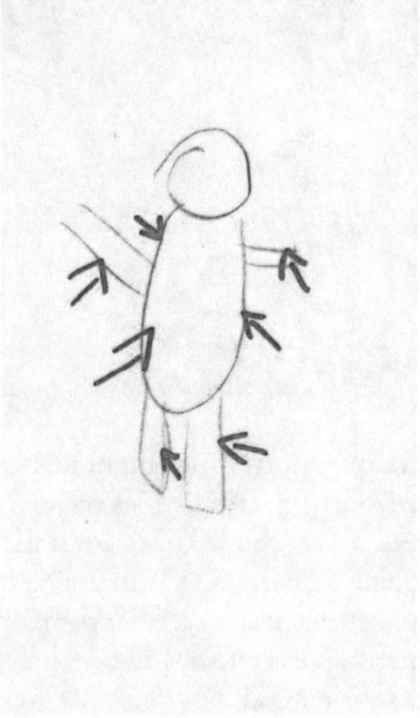

FIG 010

N. 6 ans, le deuxième dessin de la main qui gêne D' : « les mains de maman qui me caressent où j'ai mis des flèches »

FIG 011

Dessin libre FD de N.

<u>REMARQUES : au sujet de N. 6 ans, victime d'abus sexuel :</u>

Dans le dessin d'enfance de N., le personnage à gauche de la maison, où « mon papa met son zizi dans ma bouche » est le même personnage au visage vide, mais nu, que celui du dessin de la deuxième main qui gêne, D' : les *« mains de maman qui me caressent ».*

FIG 012

Personnage à gauche de la maison dans C = personnage nu, de D'

Dans le cas de cette fillette de 6 ans, le Davido-CHaD nous apprend, ce qui était tout à fait inconnu, que non seulement le père de N. se livre à des abus sexuels sur sa fille, mais que la mère y participe de façon active aussi, en la caressant!

Le cas de N. est un « cas d'école » car il révèle :

• Les « maîtres-mots », les mots- clés[12] pathognomoniques de situations d'abus sexuels comme attraper, caresser, toucher… ici pour N., *des mains qui « attrapent »… des cerises… des mains qui « caressent … »*

• Les signes graphiques de la maltraitance[4,12] : personnages au visage vide, sans mains, comme dévitalisés, morts, représentés à l'extérieur de la maison. Dans les cas de Léa et de N., *un seul étage de la maison « vit », le grenier, avec un personnage, rond vide, allongé sur le lit.*

Très souvent dans les cas d'abus sexuels, le Davido-CHad, nous fait « assister » à ce genre de scènes, où, comme ici, la mère « participe » de façon active à la maltraitance mais plus subtilement, nous verrons dans d'autres cas, qu'elle peut se mettre en retrait voire paraître victime. Rappelons, le cas historique Elsa[4], où la mère abandonnée par son mari à la naissance d'Elsa, récupère ce dernier, 3 ans plus tard,… en lui « offrant » sa fille,comme un jouet sexuel… Condition imposée par son mari, pour réintégrer le foyer et naturellement acceptée par la mère, prête à tout, pour récupérer son mari. L'enfant est considéré comme un objet, une monnaie d'échange.

Quand je propose à N. de dessiner un dessin libre **FD** ce qu'elle a envie de dessiner. N. dessine « une famille », où l'on note, entre les jambes de la mère deux prénoms superposés. S., le prénom de la mère et N. le prénom de la fillette… Dans les dessins d'enfants sexuellement abusés, on retrouve fréquemment une *superposition physique de la mère et de l'enfant*, mais ici, ce ne sont que les noms qui sont superposés : prénom de la mère S. et prénom de N., au-dessus.

N. représente les visages avec des yeux stéréoptypés, elle valorise la présence des mains, elle se représente, en rouge, on ne sait pas très bien si ce personnage est une petite fille ou un petit garçon…

Dans le cas des enfants abusés, il y a souvent confusion des rôles, entre la mère et la fille : la mère astreignant son enfant à jouer son rôle… de la femme du père.

(Ce cas, détecté dans le cadre de l'école, où j'étais psychologue scolaire, a été rapporté à la justice, par la voie hiérarchique).

c) Un dessin d'enfance, normal, a certaines caractéristiques

Attention, ici on parle de normalité du dessin d'enfance, pas forcément de celle du sujet.

Le dessin d'enfance [4,12, 13.] reproduit le plus souvent des situations banales des scènes extérieures comme la maison, un paysage ou un château avec un roi, une reine mais rarement des personnages isolés et/ou des animaux. Nous détaillerons ces particularités au chapitre « interprétation » mais dans tous les cas, nous insistons sur le fait que pour parler de « vrai » dessin d'enfance, il faut que l'on retrouve un *dessin régressif* avec ses caractéristiques enfantines par exemple : les troncs d'arbres évasés à la base, des murs de maison transparents, on voit les décors intérieurs etc… mais de toutes ses maladresses se dégagent une harmonie, des limites et des cohérences avec des commentaires en adéquation.

Même si ces dessins peuvent s'apparenter au « souvenir-restitution » ou « souvenir-écran », le sujet fait très bien la différence entre un souvenir d'enfance et son dessin d'enfance, c'est-à-dire qu'il représente, *sans plus d'explications ni demandes* : « le dessin qu'il faisait le plus souvent quand il était plus petit, si c'est un enfant et/ou quand il était enfant s'il s'agit d'un adulte ».C'est un caractère remarquable du Davido-CHaD, car le sujet comprend *d'emblée* la consigne. Pour obtenir cette compréhension immédiate, il faut que le testeur respecte parfaitement l'intitulé de la consigne, seul moyen de créer une compulsion à la répétition et donc de faire régresser le sujet. Par ce biais, on fait l'économie d'analyser toute la série de dessins que l'enfant a fait et refait jusqu'à ce qu'il soit adulte. Il nous livre comme une sorte d'instantané, tout le travail psychologique de son vécu d'enfant : le sujet répète *sans nouvelle création,* en reproduisant la trace de l'image du corps, empreinte de la période qui l'a marqué.

d) Le dessin d'enfance n'est pas psychologiquement anodin

J'ai pu observer, chez tous les sujets, que c'est à partir du moment où le sujet exécute son dessin d'enfance qu'il prend conscience que c'est un moment très particulier de son enfance et/ou de son adolescence, que, à dater de ce dessin, sa vie a pris la tournure qu'elle a aujourd'hui et que les problèmes qu'il peut avoir maintenant sont certainement reliés à cette période son enfance, à ce moment précis de la tranche d'âge où il représente « son » dessin d'enfance.

Ainsi il apparaît légitime que l'interprétation du dessin d'enfance se fasse selon la même trame symbolique que celle utilisée pour l'interprétation des dessins d'enfants[6]. Nous avons déjà vu le cas de « la poupée de chiffon », voici un autre cas qui témoigne du caractère « révélateur » du Davido-CHaD et fait regretter l'absence de dépistage précoce de *toute* perturbation affective enfantine :

• **Cas historique, le dinosaure**[4,9].

Une jeune femme de 35 ans représente comme dessin d'enfance un dinosaure de grande taille aux épines dorsales roses et bleues. Cette jeune femme se souvient qu'elle faisait ce dessin quand elle avait 8/9 ans. À l'enquête, on apprend (et cela semble aussi une découverte pour elle-même) qu'aux alentours de sa huitième année, son père a tenté des attouchements sur elle, « souvenirs » (traumatismes) que cette jeune femme avait «oubliés », enfouis dans sa mémoire et qui ont resurgi lors de la passation. Après une telle découverte, le sujet a entrepris une analyse confirmant un authentique abus sexuel.

Pour exprimer cette maltraitance, le sujet a choisi le corps d'un animal préhistorique, d'un monstre… qui séduit par ses couleurs tendres : est-ce l'image du corps du sujet ou celle de son père? Y-a-t-il identification à l'agresseur ? Le choix des couleurs tendres, l'aspect efféminé de l'animal laissent supposer qu'il s'agit du corps du sujet qui tente désespérément de préserver son intégrité par des piquants.

FIG 013

« Le dinosaure » jeune femme de 35 ans, Dessin d'enfance C

e) Le dessin d'enfance peut révéler deux processus psychiques, signes de pathologie mentale

- l'incapacité à régresser

Elle se voit surtout dans les dessins d'enfance type maison/ paysage. Notion essentielle, le caractère pathologique d'un dessin d'enfance ne vient pas du fait que le sujet refuse de dessiner ou qu'il ne transcrit pas un thème emprunté à l'univers enfantin mais du fait que le sujet est incapable de régresser : même s'il déclare se souvenir de son dessin d'enfance, le sujet fait un dessin comme il pourrait le faire maintenant, en tant qu'adulte. On ne retrouve pas le trait de l'enfance, la maladresse, la naïveté; il y a une perte de l'authenticité d'un dessin d'enfant. Le sujet n'a plus accès à son imaginaire : toute représentation est banalisée dans un langage verbal ou pictural convenu, rationalisé, institutionnalisé.

Pourtant ces sujets prétendent ou aimeraient bien se souvenir de leur dessin d'enfance en disant par exemple « je crois que c'était une maison… quand on est enfant on dessine toujours des maisons… » et ils dessinent une maison (ou un paysage etc.) exactement comme un adulte le ferait : en s'appliquant, en respectant les perspectives ou la réalité des tailles entre les objets. Le sujet est dominé, submergé par ses mécanismes de défense : tout retour à l'enfance est perçu comme dangereux voire déstabilisateur et c'est de cette crainte-là, sans doute inconsciente, dont souffre le sujet. Le testeur doit se poser la question de savoir pour quelles raisons le sujet ne peut plus recréer le monde de son enfance ? Quel interdit empêche le retour à son imaginaire d'enfant ?

• Est-ce que le sujet est tenté de reprendre contact avec ses racines mais qu'une force antagoniste le bride, le rend conformiste et donne à son dessin d'enfance l'aspect d'un dessin d'adulte, même si celui-ci cherche à imiter un dessin d'enfant et alors, quelle est l'origine de cette force ?

• Est-ce que le sujet se refuse à devenir le juge de sa propre enfance? et alors, pourquoi ?

• Est-ce que le sujet veut garder le secret de sa véritable personnalité et ne rien livrer « d'interprétable » ? Mais… c'est justement en cherchant à se cacher derrière des stéréotypes qu'il est le plus vulnérable et… se révèle. Plus un sujet essaie de cacher, s'autocensure, plus il « se dévoile ». Nous verrons avec le cas du « Nounours » l'importance pour le testeur de repérer ces traits qui peuvent « manquer» dans les dessins et qui sont en fait révélateurs de ce que le sujet s'épuise à cacher.

Voici le cas d'un homme âgé de 62 ans qui est interné dans un service de psychiatrie fermée car il a tenté d'étrangler sa mère de 90 ans.

Dans son dessin d'enfance, on note qu'il est incapable de « régresser » dans le graphisme et pourtant, il évoque son enfance… en les commentant. Ces dessins ont la maturité des dessins d'adultes, de plus, il a des difficultés à se « limiter » puisqu'il dessine 3 dessins d'enfance.

FIG 014

Homme âgé de 62 ans, dessin d'enfance C : 3 dessins d'enfance superposés, pas de régression, pas de limites

Dans le Davido-CHaD, l'impossibilité de régresser crée *les dessins trop parfaits.* Nous en verrons les processus dans le chapitre « interprétation ». En voici un autre exemple, celui du dessin d'enfance d'un homme de cinquante-cinq ans qui *parle* de la maison qu'il dessinait quand il avait 8 ans… : c'est une « jolie » maison mais, le dessin « parle » lui de la maison d'un adulte avec perspective et architecture… Cet homme, en milieu psychiatrique fermé, est incapable de régresser, d'accéder à son imaginaire. Tente-t-il, dans son dessin, de combattre la menace d'une désorganisation liée à son hyper vigilance ?

FIG 015

Homme de 55 ans, dessin d'enfance C trop parfait : impossibilité de régresser

(Homme de 55 ans, dessin d'enfance C trop parfait: impossibilité de régresser) bis repetita placent...

- l'incapacité à se limiter [4,10,12.]

Le sujet, dans ce cas, ne fait plus la différence entre le dedans et le dehors, entre lui et l'Autre. Dans le dessin, on n'est plus du tout dans l'enfance. L'adulte utilise exclusivement ses mécanismes de défense qui inhibent toute régression et se retrouve insatisfait de sa production, il va en faire et refaire car le retour à l'imaginaire est exclu. Ainsi le dessin et/ou le thème du dessin peut :

• ne pas être contenu dans les limites de la feuille de papier, le thème déborde et le sujet réclame plusieurs autres feuilles.

• être multiple, quand le sujet n'est pas capable de se limiter à la consigne : il dessine et redessine tout un fatras de thèmes différents, de tailles différentes sans logique apparente entre eux. Cette production est anarchique ; elle peut déborder des limites de la feuille de papier…ou bien le sujet demande d'autres feuilles pour encore ajouter d'autres thèmes, d'autres dessins ; elle peut rester sur une seule feuille avec un enchevêtrement ou une superposition de détails, de thèmes divers sans lien apparent entre eux. (sauf pour le sujet) , c'est son « mode » de représentation personnel et original.

Il n'y a aucune régression dans ces dessins d'enfance qui semblent répondre à la pulsion du moment et il n'y a pas de cohérence non plus entre l'aspect du dessin et les commentaires spontanés émis par le sujet, même s'ils parlent de l'enfance.

Voici un exemple d' « enchevêtrement »[4,12.] :

FIG 016

Jeune homme 20 ans en psychiatrie fermée

Ces dessins d'enfance sont hautement pathologiques et le testeur ne doit pas se laisser éblouir ou distraire par leurs qualités *parfois très esthétiques.* Il ne doit pas non plus se lasser et arrêter le sujet dans ses productions , car ce sujet pathologique dessine tant qu' « il n'a pas dit » par le dessin la source de son problème ; c'est quand il va, peut-être !..., réussir à régresser qu'il pourra accéder enfin aux moments cruciaux de son enfance et/ou de son adolescence qui l'ont amené à vivre jusqu'à maintenant dans l'enfermement d'un vécu traumatique.

Dans les *dessins trop parfaits*, une autre notion est très importante : le testeur ne doit pas conclure trop vite à la seule pathologie psychiatrique et doit se méfier de ne pas être manipulé par le sujet testé. Le cas Babeh, pédophile serial killer indonésien, que nous décrirons plus en détails, ci-après, illustre quelques pièges celui notamment d'avoir tenté de manipuler les experts psychologues en laissant croire qu'il avait une intelligence limite. Au Davido-CHaD, il se démasquera comme excellent stratège, en ayant voulu paraitre trop « classique », trop « comme tout le monde ». Il a cru avoir réussi à « contrôler » son dessin d'enfance mais en fait, totalement déstabilisé par des consignes floues, ne faisant référence à aucun support qu'il connaissait et ne se trouvant confronté qu'à lui-même, il a été pris de panique d'avoir, peut-être (?) révélé quelque chose de sa personnalité réelle et a demandé à faire spontanément un dessin libre pour « démontrer qu'il n'était pas intelligent », trame constante de sa défense : il s'est démasqué car le dessin libre est un dessin d'enfance, banal dessin d'enfance indonésien. Ce dessin montre bien que Babeh est capable de régresser... Comme les autres... Qu'il comprend les consigne et les applique « intelligemment » !

Dessin d'enfance de Babeh (C) :

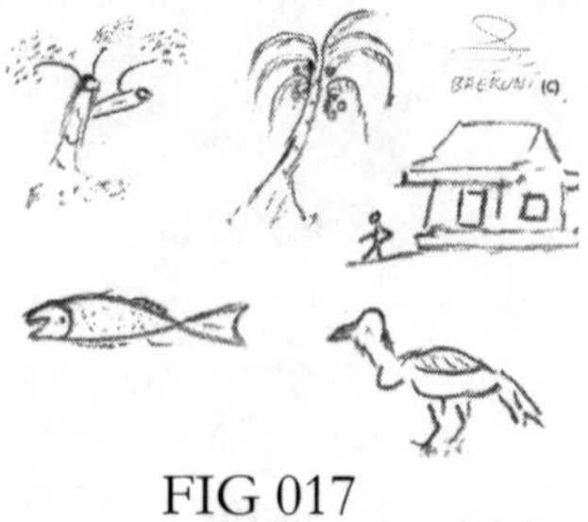

FIG 017

Babeh, 49 ans, pédophile serial killer, C

Dessin Libre de Babeh FD

FIG 018

Babeh tente une autre « technique », le dessin libre FD

f) Le dessin d'enfance indonésien, un particularisme culturel

C'est à l'occasion de recherches en Indonésie avec le Professeur Sarlito Wirawan Sarwono[2] que j'ai pu observer ce phénomène. J'avais fait passer le Davido-CHaD en passation collective (voir en fin d'ouvrage) à des psychologues indonésiens, pour une formation universitaire. J'étais sidérée, tous les « dessins d'enfance » étaient quasiment identiques ! Paysages avec deux montagnes, pointues ou au sommet arrondi comme celui d'un volcan, dominant des champs de rizières, une route et quelques arbres.

2. Diplômé des Universités d'Édimbourg, Royaume Uni et de Lieden, Pays-Bas, Directeur de recherche en psychologie sociale à l'Université Persada à Jakarta, Indonésie, il a, entre autres, la charge de la Formation universitaire et continue des psychologues policiers.

FIG 019

Dessin d'enfance typique en Indonésie C : dessin d'une femme de 28 ans indonésienne (identique chez les hommes !)

Etait-il possible que tous ces gens aient copié les uns sur les autres ? Le Professeur S. W. Sarwono*2 me dissuada de cette hypothèse et m'expliqua que la majorité des enfants en Indonésie ne connaissaient le dessin et les crayons de couleurs que lors de leur scolarisation et que ce thème « de paysage », leur environnement habituel, était très souvent répété.

Au fil du temps, j'ai fait d'autres découvertes qui m'ont montré que l'utilisation d'autres tests projectifs, développés en Occident, pouvaient être difficilement exploitables dans d'autres pays. On connait le *test de la patte noire* où « le cochon » est cloné en « mouton » pour des raisons religieuses. Mais qu'en serait-il du *test de l'arbre* où le sujet doit dessiner n'importe quel arbre, sauf un sapin… La majorité des Indonésiens ne connaissent pas le sapin et encore moins la neige! L'homme ressemble à l'homme… sur les cinq continents… Seul le climat diffère… amenant une flore et une faune bien éloignées de notre environnement occidental quotidien.

Une autre particularité, anecdotique, indonésienne… est que les greniers n'existent pas. Sous les toits, la température est trop élevée, pour aménager des combles… mais ils ont des cabanes… des rizières… et une végétation variée et luxuriante… qui ne pousse pas sous nos tropiques.

C'est là une des forces du Davido-CHaD qui n'a besoin d'*aucune adaptation*, quel que soit le pays, puisque le sujet testé est « le sujet même du test » et que la personne humaine est universelle.

Cette apparente uniformité du « dessin d'enfance indonésien[23,24.] » finalement n'est pas gênante pour l'interprétation et ne rend pas celle-ci uniforme : on y reconnait ou non le trait de l'enfance, ses maladresses, le genre de couleurs, le type des ajouts comme des cabanes ou des personnages, l'harmonie ou non ; il est surtout tout à fait possible de le dater, de préciser l'absence ou non de limites, le degré de rigidité et la cohérence avec le commentaire.

2. Développements théoriques du dessin des mains, H ou Ha

La deuxième consigne [4,5.] « Dessinez des mains autant que vous voulez, dans la position que vous voulez » est si floue qu'à chaque auteur correspond un dessin des mains et pour un même sujet, les mains sont rarement dessinées de façon semblable. Pourtant, des constances graphiques et la réponse à deux questions fondamentales QF (que font ces mains ? à qui appartiennent – elles ?) permettent de préciser divers caractères psychologiques du sujet et ses relations avec autrui.

La main est un organe du corps très perfectionné. Nous avons vu l'imagerie de sa représentation cérébrale corticale, l'homonculus, pour apprécier sa position dominante dans ses fonctions motrices et sensitives comme essentiellement la préhension et le toucher. De plus, la réceptivité à la douleur de la main est complexe, locale mais aussi générale correspondant à l'irradiation de la douleur issue d'un autre organe malade (douleur pouvant irradiée à la main dans l'angine de poitrine, l'infarctus du myocarde). Parmi nos organes doubles, mobiles et articulées, les mains permettent à notre corps de sortir de lui-même ou *d'accroître ses limites* dans les trois dimensions.

Alors que le Davido-CHaD est un test projectif égocentré, le sujet tout venant dessine plusieurs mains : dessiner une seule main est très inhabituel mais pas obligatoirement synonyme de pathologie lourde.

Le sens psychologique [4,12,13.] des mains, dans le dessin des mains, repose sur quatre critères pour définir ou non une pathologie :

a) Les mains sont les mains du sujet

Dans ses commentaires, le sujet personnifie le dessin des mains, il leur attribue des qualificatifs, des actions. Même si le sujet dit que ces mains appartiennent à un autre, ce sont bien « ses » mains, l'image de son corps qu'il projette puisque *c'est lui* qui leur attribue un qualificatif, une fonction, un rôle, une action en rapport avec lui-même, révélant ainsi son comportement à l'égard d'autrui et d'autrui à son égard.

b) Les mains ne sont pas réalistes

Alors que le sujet a le modèle « en chair et en os » et à la taille de la feuille de papier sous ses yeux, il produit et représente tout autre chose.

Il est rare de rencontrer des mains (ou plutôt une unique main) d'aspect réaliste comme celle de la main contournée sur la feuille (le sujet ne respecte pas la consigne) ou celle de la copie de la main qui ne dessine pas, main vue de profil, pouce allongé sur les doigts repliés. Ces types de mains « réalistes » sont le témoin d'une difficulté du sujet à s'adapter à la consigne simplement, c'est le dessin d'un sujet qui se contrôle ; mais avant de parler de pathologie sévère, le testeur doit laisser un peu de temps et voir si le sujet, se libérant peu à peu de son autocontrôle ou de sa volonté de se montrer « artiste », ne va pas reprendre le crayon et dessiner d'autres mains, beaucoup moins « jolies » mais beaucoup plus «parlantes » de sa personnalité, de son imaginaire.

c) La ou les mains sont des mains ressenties

C'est l'imagerie d'une main traitée par le cerveau qui est dessinée : la perception de la consigne n'est pas visuelle mais cérébrale. Le dessin des mains apparait comme l'image reconstituée de la perception du corps que le sujet va ressentir, projeter comme intègre ou morcelée. C'est une main imaginaire et donc à contenu pluri-symbolique ; c'est probablement la raison pour laquelle, un sujet tout-venant ne se contente pas d'une seule main mais en dessine plusieurs, différentes les unes des autres par la taille, l'aspect.

d) Le dessin des mains se réfère au temps présent

À l'inverse du dessin d'enfance qui ne fait appel qu'à la régression, où le sujet dessine, narre ce qu'il a été (ou aurait voulu être), le dessin des mains ramène le sujet dans le temps présent.

Il est possible que la chronologie imposée, dessin d'enfance puis dessin d'adulte, permette au sujet de reproduire inconsciemment des séquences physiologiques puisque, dans la toute petite enfance, c'est la main qui permet la première différenciation avec le milieu. Mais c'est plus sans doute parce que le sujet est passé par une étape de régression fragilisante, qu'il exprime plus facilement l'image de son corps présent. Le sujet est encore un peu « sur le nuage de n'être pas jugé », son contrôle va être beaucoup moins puissant et sa vigilance réduite.

Le dessin des mains ne se situe plus dans le domaine de la répétition-compulsive mais dans celui de la *création immédiate*, instantanée : ce sont des mains ici et maintenant, elles font ou sont en train d'accomplir une action immédiate : «elles prennent un objet », « elles vont l'une vers l'autre », « elles disent bonjour… au revoir », elles vivent dans le présent. Même si le sujet dit « qu'elles ne font rien », c'est aussi une action et nous verrons aussi l'importance pour l'interprétation, d'un certain type d'actions que nous définissons comme *mots-clés*.

Ainsi les sujets dessinent leurs mains, dans le temps présent, telles qu'ils veulent les voir et/ou telles qu'ils veulent qu'elles soient vues. Par-là, ils projettent, restituent leur représentation de soi actuelle ce qui permet de dégager des critères de personnalité, de fonctionnement mental et les capacités de contrôle du sujet. En effet, c'est l'intégration cérébrale de la représentation de soi, actuelle, qui est restituée dans le dessin des mains : l'aspect général des mains (frêle ou costaud, ouvert ou fermé, soigné ou dévalorisé, coloré ou non etc.) et le rôle que le sujet leur attribue… montrent comment le sujet projette l'image de son corps, représente sa peau, son enveloppe visible (c'est-à-dire ses limites) et se sent dans sa peau. Il trace les limites de la main ressentie, son enveloppe c'est-à-dire une limite entre lui et les autres voire une limite entre lui-même et lui perçu comme un autre.

3. Développements théoriques du dessin de la main qui gêne D

Jusque-là, le sujet était dans une sorte de halo de liberté : des consignes floues, un état de régression donc de moindre vigilance (on ne peut vérifier la véracité du dessin d'enfance et le dessin des mains montre ce que le sujet est mais tout aussi bien ce qu'il veut bien montrer) et brutalement… avec la consigne de la main qui gêne [4,12,13,21], très dirigiste, on l'interpelle, on le bouscule, on le déstabilise une nouvelle fois. Il faut noter aussi que les deux fortes déstabilisations, imposées au sujet par les consignes, sont de sens opposé : la première consigne est tournée vers le passé (régression / dessin d'enfance), la troisième consigne est tournée vers le futur, le devenir (projets futurs / dessin de la main qui gêne). Cela explique que la réponse à la main qui gêne (et donc son interprétation) varie en fonction des deux âges extrêmes de la vie que sont l'enfance (où tout débute) et la vieillesse non détériorée (où tout finit) :

a) Chez l'adulte

La main qui gêne **D** a toujours l'allure graphique d'une chose horrible, affreuse, qui fait peur. Mais le critère théorique de la main qui gêne, pour définir ou non une pathologie, est unique : c'est celui de son *appartenance ou non au sujet.*

• Chez l'adulte sain de corps et d'esprit

La main qui gêne appartient à un autre *:* Le sujet tout venant *ne comprend pas d'emblée* la consigne : il était là avec lui-même, son dessin d'enfance et ses mains et… brutalement on lui parle de quelque chose qui le gêne… mais ce qui le gêne, le dérange, ce n'est pas lui mais un autre. À aucun moment du test, le sujet ne s'attribue ou n'attribue une souffrance quelconque à cette main hideuse qui ne semble pas le concerner. La main qui gêne représente ce qui est diabolique, monstrueux en nous, ce que nous rejetons. Le sujet tout venant, qui vient pourtant d'être bousculé, la décrit sur un mode neutre et détaché : l'affreux, l'infirme, c'est une possibilité dans l'avenir, certes inquiétante, mais ce n'est pas la réalité ; bien sûr que c'est la main du sujet puisqu'on est en situation de projection mais le sujet est dans la normalité, justement parce qu'il ne la reconnait pas comme faisant partie de lui-même : il s'en défend et la rejette ; il met cette main qui gêne *à distance*, comme si la représentation qu'il en fait, n'était pas la sienne mais celle d'un autre qui n'a pas sa place dans la même enveloppe corporelle que lui.

• Chez l'adulte mentalement pathologique

La main qui gêne appartient au sujet : en effet, l'adulte souffrant de maladie mentale se met brutalement en scène avec la main qui gêne. C'est le plus souvent d'emblée, sans temps de latence que le sujet se reconnait dans la main qui gêne voire ne fait plus qu'un avec elle. Le contraste de traitement entre les deux premiers items et le troisième item est frappant : le sujet ne s'investit pas dans le dessin d'enfance **C** et le dessin des mains **H**, il se montre indifférent et même peine à comprendre ce que signifie : dessinez des mains… mais dès qu'il entend la consigne de la main qui gêne, cela éveille d'emblée, chez lui, un intérêt brutal, excessif, quasi exclusif pour effectuer ce dessin de la main qui gêne **D**. Il y a une sorte de jaillissement émotionnel qui s'oppose à la quasi absence d'émotions exprimées par le dessin d'enfance et le dessin des mains.

Cette *inversion des temps de latence* est un caractère primordial* de maladie mentale *chez l'adulte* dans le Davido-CHaD. Généralement ces sujets pathologiques ont besoin de temps de latence très longs pour comprendre et effectuer, après souvent une multitude de calculs et de mesures, un dessin d'enfance de type « reconstruit », confus et plus ou moins sans limites. Le sujet, porteur d'un trait psychotique, semble jubiler, il se sent capable de « participer » au test, à l'énoncé de la troisième consigne et il se précipite pour effectuer le dessin de la main qui gêne : il n'y a que cette main qui l'intéresse, dans laquelle il se reconnait, dans laquelle il retrouve ses souffrances. Plus globalement on peut dire que le malade mental et/ou psychiatrique, qui est incapable de créer des limites entre lui et les autres, *ne fait qu'un* avec la main qui gêne, il se met directement en scène, *il est « dedans » :* la main qui gêne devient le lieu où le sujet pathologique trouve à s'identifier à cet autre, lui-même, que nos normes sociales excluent. Le Davido-CHaD **est le seul test projectif qui s'adresse à la partie malade**

que tout être a en lui… Ainsi, chez l'adulte tout-venant, le dessin de la main qui gêne n'est pas pathologique parce que la main est représentée comme hideuse, morcelée, dangereuse dans son action etc. mais du fait que le sujet adulte sain de corps et d'esprit ne se l'approprie pas : ce n'est pas **Sa** main… elle appartient à un **Autre**… C'est la possibilité d'une *mise à distance* de la main qui gêne qui caractérise l'adulte normal. En effet, la main qui gêne révèle les rapports du sujet avec le monde extérieur ; elle mesure les distances et les défenses qui le séparent de l'autre. L'appropriation de la main qui gêne par le sujet adulte mentalement pathologique témoigne d'un *mal-être majeur* puisque il n'y a pas d'espace pour maîtriser les affects, pas de distance entre le réel et l'imaginaire ; les seules symboliques exprimées pour la représentation de soi sont l'horreur, le morcellement.

Il faut faire une remarque très importante. *D'autres populations peuvent s'approprier la main sans qu'il y ait de pathologie mentale.* Ce sont celles des adultes souffrant de pathologies organiques, non mentales, celle des enfants et celle des sujets très âgés, non détériorés.

• Chez l'adulte, organiquement malade

Ce sujet peut s'approprier la main qui gêne car la main pour lui symbolise *ce qui le gêne*, sa maladie. Dans cette population, on note la cohérence des dires et du dessin d'enfance mais surtout *le comportement* du sujet est très différent de celui du malade mental, tout au long de la passation et de l'enquête du Davido-CHaD. Il n'y a pas vraiment d'inversion des temps de latence, il n'y a pas d'intérêt brutal, exclusif, excessif pour la main qui gêne ni pour son appropriation. D'ailleurs les sujets mêlent « les mains » et « la main qui gêne ». La main qui gêne n'est que *l'imagerie de la maladie*, le corps projeté malade et c'est la maladie qui gêne le sujet qui s'autorise, enfin, à parler de la partie « malade » que tout être a en lui.

Voici l'exemple de E :

Récemment, lors d'une présentation en Indonésie avec le Pr Sarlito W. Sarwono, (appelé selon la coutume indonésienne simplement « Professeur Sarlito »), nous avons fait passer le Davido-CHaD, collectivement aux étudiants qui préparaient leur doctorat en psychologie. Et comme il le fait généralement, le Pr Sarlito demande s'il y a des volontaires… pour que l'on interprète, leur CHaD, ensemble. Cette façon de faire me surprend un peu… car, pour moi, chaque série de CHaD, en passation collective, doit rester intégralement anonyme. En France ou aux USA, je propose aux « testés » de venir individuellement parler de leur test, s'ils en ressentent l'envie. Le Pr Sarlito a une telle aura que presque tous les étudiants veulent profiter… de notre expérience… pour mieux « se » comprendre et utiliser le test.

Lucky Winara est un chercheur qui nous accompagne et fait partie de l'équipe du CHaD-Test du Pr Sarlito en Indonésie. Il travaille, entre autre sur les cas d'ex-terroristes avec les psychologues de la Police. Lors de nos présentations, il prend en photo les CHaD de ceux qui demandent à ce que leurs dessins soient interprétés « publiquement » et il montre les items, immédiatemment en power point. Cela fait 6 ans que j'assiste à ce genre de séances, je connais assez le Pr Sarlito pour comprendre… que même si les commentaires sont en indonésiens, les commentaires ne sont que *d'ordre technique*, il n'est naturellement pas déontologique de se livrer à des interprétations personnelles qui pourraient mettre en difficulté l'étudiant.

Alors que Lucky Winara faisait défiler les cas, une jeune femme se mit à pleurer et crier… Comme elle s'exprimait en Bahasa-indonésien, j'ai demandé à Lucky de me traduire, ce qui se passait…Voici le CHaD de E., 37 ans qui a ressenti le besoin de « commenter » ses dessins, en plein amphi, une véritable séance de psychodrame.

Dessin d'enfance **C**

À noter qu'il n'est pas typique : c'est une fleur, légèrement colorée de rose. Cette fleur montre la grande sensibilité de E.

Commentaires : *E. dit qu' « elle avait entre 6 et 7 ans et que c'est la période à laquelle ses parents ont divorcé».*

FIG 020
E. 37 ans, Dessin d'enfance C

<u>Dessin des mains **H**</u> : Il s'agit d'une seule et grande main. Elle est très réaliste. La présence des ongles témoigne de la féminité de son auteur.

Commentaires : « *C'est ma main, en ce moment. Ma main est en pleine forme. Elle ne pose pas de problème et ne se plaint jamais.* »

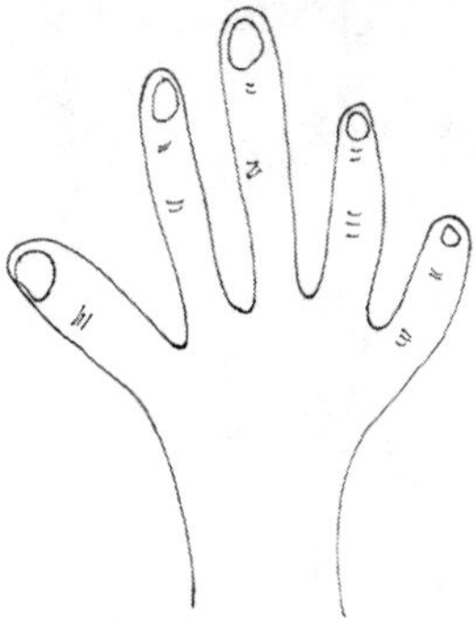

FIG 021
E. 37 ans, dessin des mains H

Dessin de la main qui gêne **D** : E. représente une grande main avec un rond gris au milieu.

Commentaires : « *C'est une main qui m'inquiète, elle a une protubérance ou un cancer. J'ai très peur, cela me rappelle l'opération que j'ai subie, quand on m'a enlevé une grosse tumeur cancéreuse dans l'abdomen. Je crains qu'il réapparaisse à nouveau, n'importe où dans mon corps. Je suis très préoccupée, car qui prendra soin de mes enfants, si je meurs ? C'est cela mon unique problème.* »

E. n'a aucune pathologie mentale, ni en apparence ni dans le Davido-CHaD, seule la main qui gêne lui permet de laisser exprimer son inquiétude c'est-à-dire tout ce qu'elle retenait en elle. Aucun de ses collègues étudiants n'avait compris la raison de ses absences : ils pensaient qu'un de ses enfants avait des problèmes qui nécessitaient une grande disponibilité.

Cet exemple montre que le Davido-CHaD permet aux individus de s'ouvrir aux autres et faciliter *l'amorce du dialogue* : suite à cette révélation, des étudiants sont allés la soutenir en lui promettant d'alléger son emploi du temps universitaire, en enregistrant les cours, afin qu'elle passe plus de temps chez elle, avec sa famille.

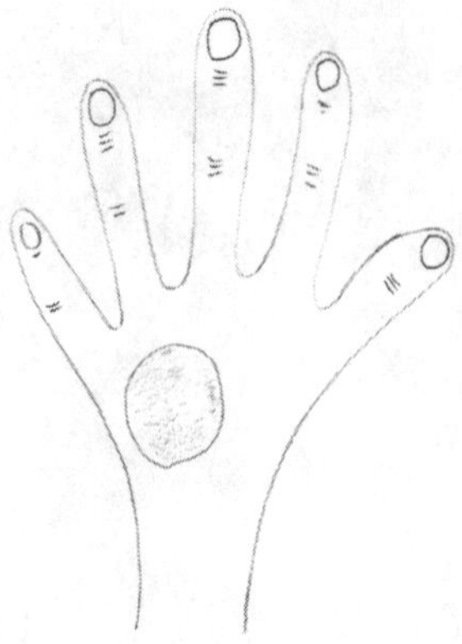

FIG 022

E. 37 ans, dessin de la main qui gêne D

b) Chez l'enfant

L'enfant normal ne se sent pas bousculé par cette consigne directive de la main qui gêne. Il se l'approprie souvent car, encore maladroit, c'est physiquement la main qui le gêne vraiment « pour *bien* écrire, pour dessiner », notions qu'il est en train d'apprendre.

C'est justement, *quand l'enfant ne s'approprie pas la main qui gêne*, que le testeur doit être très vigilant et se poser la question, non pas celle d'une pathologie mentale de l'enfant mais celle d'une *maltraitance.* Ainsi, la main est souvent celle d'une personne très proche, celle de sa sœur, de son frère… qui le gênent, le dérangent…on reste, probablement, dans l'anodin des rivalités enfantines et il faut s'assurer que les autres items le confirment, mais quand c'est la main « d'un grand frère » ou celle d'un ou des parents ou celle d'un adulte tiers, il y a presqu'à coup sûr une maltraitance. Celle-ci est évidente :

• Quand l'enfant dessine la main qui gêne, *sans temps de latence* voire *change de comportement* et concentre toute son attention sur ce seul item ! (le psychologue doit, alors, pousser plus loin les investigations, sans culpabiliser l'enfant).

• Et/ou quand l'action de la main qui gêne est celle des *mots-clés* : « taper, toucher, tenir, attraper, caresser… »

c) Chez le sujet âgé

Le sujet âgé et non détérioré [4,8, 12] comprend, comme l'enfant et l'adulte, que la consigne de la main qui gêne est une *question relative à son propre corps* et il dit très souvent : « mais mes mains marchent bien, elles ne me gênent pas »… La main qui gêne appartient d'emblée au sujet âgé non détérioré qui se concentre sur lui-même, sur son corps, sur sa santé.

Même arrivé à un certain stade de démence, c'est la consigne de la main qui gêne, parmi les trois items, qui interpelle le plus le sujet âgé et cette main peut encore, comme chez l'enfant maltraité… taper.

Lors de l'élaboration du test [13], je suis allée faire dessiner des personnes âgées dans des services de long séjour… L'une d'entre elle a commenté ainsi la main qui gêne… « Je tape, quand on me dérange ». On l'avait placée dans une chambre seule car elle tapait… ses voisines. Alors que les deux items précédents ne suscitaient aucun commentaire…le dessin d'enfance était un gribouillage… le dessin des mains encore un gribouillage…, le dessin de la main qui gêne, lui, était parlant : la main qui tape ceux et/ou celles qui me gênent… La main qui gêne est un item qui « définit » bien la personne.

Ainsi pour interpréter correctement le concept « appropriation de la main qui gêne » et lui faire définir une pathologie mentale, il faut connaitre bien sûr l'âge du sujet mais surtout remarquer son comportement durant toute la passation. *C'est l'association appropriation de la main qui gêne et inversion massive des temps de latence qui signe la pathologie mentale.*

Il faut insister sur la particularité « universelle » du Davido-CHaD. Nous avons vu que le dessin d'enfance pouvait avoir une connotation culturelle comme par exemple le dessin d'enfance indonésien mais que celle-ci n'était qu'une apparence graphique et visuelle ne gênant en rien l'interprétation de fond. Les caractères fondamentaux du dessin d'enfance ne sont pas altérés par la culture (on voit tout de suite si c'est un dessin d'enfance ou un dessin d'adulte) mais surtout quelle que soit la personne, où qu'elle soit, *elle peut le dater*. Quant aux mains et à la main qui gêne, comme dirait Monsieur de La Palisse, elles sont communes à tous les êtres humains de la Terre…

Dans l'ensemble des tests psychologiques, (et le MMPI n'y échappe pas), le psychologue a besoin d'une connaissance de l'ethnie du sujet pour ne pas le choquer, le froisser par des remarques et/ou des questions incongrues et pour éviter des contre-sens. Ces particularités sont encore plus stigmatisées dans les situations d'immigration[18]. En plaisantant, on peut dire que dans le Davido-Chad, les connaissances strictement linguistiques nécessaires se résument à 4 mots : dessiner, enfance, mains et main qui gêne… Alors que les mots pour exprimer les résultats sont multiples : détection, abus, inceste, victimes, violences…intelligence, diagnostic…causes, origines etc.

III. Passation

Il faut insister sur la nécessité de respecter l'intitulé des consignes[12], énoncées une par une avant chaque dessin, dans leur ordre chronologique, d'avoir des crayons noir, de couleurs et des feutres des feuilles de papier etc... et un taille-crayon ! Ces recommandations pour la passation et l'interprétation des trois ou quatre items vont être détaillées.

Tout ceci peut paraître bien tatillon mais c'est le seul moyen à mon avis de ne pas perdre une partie de la richesse du Davido-CHaD, celle de détecter les raisons profondes du comportement d'un individu, les raisons profondes de sa souffrance. J'en donnerai un seul exemple, le cas historique « les menottes »[4,13], que j'ai observé au début de la création du CHaD. Sans ce cas, je n'aurai peut-être jamais compris pourquoi beaucoup de sujets me demandaient de dessiner la véritable main… qu'ils avaient envie de dessiner… et il manquerait une partie très riche du test ! C'est la main qui gêne qui discrimine le sujet normal du pathologique.

Cas historique : « les menottes ».

Je faisais passer le CHaD, à des délinquants mineurs emprisonnés, dans le cadre de ma thèse. Alors, que X., 16 ans avait débuté le dessin des mains, j'ai dû quitter sa cellule pour répondre à un appel téléphonique urgent concernant un jeune criminel de 13 ans et demi. Quand je revins quelques instants plus tard, je ne reconnus pas la toute petite main que X. avait commencé à dessiner ; je lui demandais alors où il avait mis le premier dessin, celui où la taille des mains était plus petite. Il me dit que j'avais dû rêver et qu'il n'avait jamais dessiné autre chose que ces mains-là… Pourtant, j'étais convaincue qu'il avait dessiné autre chose. La cellule était petite avec une table, deux chaises, une armoire et je ne voyais rien. J'appelai l'éducateur pour m'aider à retrouver ce dessin : il le débusqua sous le pied de l'armoire. Sur cette feuille pliée en huit, je reconnus les deux mains de petite taille mais, fait nouveau, elles avaient des menottes…quand je demandai à son auteur pourquoi il avait tant tenu à cacher ce dessin, il me répondit qu'il avait honte, que c'était la première fois qu'on lui passait les menottes. L'idée que le dessin de la main pouvait « gêner »… était née.

FIG 023

X. 16 ans, « les menottes » : X. avait commencé à dessiner deux toutes petites mains, côte à côte, celles en haut à gauche

Après avoir quitté la cellule, je n'ai plus reconnu les « petites mains » que X. était en train de dessiner, lorsque je l'ai quitté. Voici le dessin des mains que j'ai trouvé à mon retour dans la cellule, celui de grandes mains isolées.

FIG 024

X. 16 ans, Dessin des mains que j'ai trouvé à mon retour, dans la cellule.

La passation du Davido-CHaD, en milieu clinique, est toujours effectuée de façon individuelle. Elle peut être effectuée aussi collectivement, chez l'adulte, dans le cadre de formations professionnelles et/ou de recrutement. (Cette passation collective sera détaillée en fin d'ouvrage.)

1. Matériel indispensable à la passation

Le testeur a besoin de :

- 4 feuilles, minimum, de papier blanc 21/29.7
- un taille crayon
- un crayon à papier, 2B
- une boîte de 12 crayons de couleurs, de feutres à pointe fine, de pastels…

<u>Les conditions à respecter sont simples :</u>

• feuilles de papier vierge, pas de pelure, pas de calques. Une seule feuille est présentée au sujet avant chaque item mais on doit lui laisser à disposition 3 ou 4 feuilles supplémentaires, certains sujets voulant réaliser d'autres dessins en dehors du protocole. Le sujet est libre de choisir la feuille et de dessiner dans le sens qu'il veut. Le testeur doit retenir le sens du choix horizontal ou vertical.

• le choix entre crayons de couleurs, feutres ou pastel est libre, le sujet choisit généralement le matériel utilisé durant son enfance, celui qui lui est le plus familier, en fonction du matériel dont il disposait quand il était enfant. Les personnes très âgées me parlaient de morceaux de charbon... Dont elles s servaient pour dessiner !

• pas de gomme, ni crayon à gomme.

• les crayons doivent avoir le même gabarit et les mines doivent être bien taillées. Le testeur les éparpille légèrement sur la table ou le bureau, sans favoriser le noir ou les couleurs, à portée de mains du sujet.

<u>Le non-respect de ces conditions :</u>

• ne crée pas le climat d'empathie indispensable à l'analyse du test,

• peut gêner la régression du sujet, par exemple si on lui donne des crayons alors qu'il a l'habitude de feutres,

• fait perdre des renseignements essentiels comme celui de la couleur dans les mains ou comme celui de la confirmation d'un manque de limites du sujet,

• empêche toute étude comparative sérieuse,

• et risque de faire dire n'importe quoi par le testeur.

2. Environnement de l'examen

Le testeur et le testé doivent être dans une pièce où ils ne seront pas dérangés. Généralement c'est le bureau du psychologue ; ce bureau ne doit pas être « vidé » de ses objets usuels, tels trom bones, ciseaux, papeterie, clefs, etc.

La « neutralité bienveillante » est de règle comme dans tout test: le testeur doit se positionner de façon à ce que le sujet n'ait pas la sensation d'être observé ou examiné, de préférence, il est assis à côté. Il doit aussi donner l'impression au sujet qu' « il ne s'intéresse pas à ses dessins » par exemple en lisant... un livre… Cependant le testeur doit rester très vigilant pour noter le descriptif de la réalisation. Il est préférable de noter tout de suite après la passation plutôt que pendant, afin que le sujet ne se sente pas épié. Les notes prises par le testeur doivent être écrites discrètement et *au recto* du dessin pour éviter une possible confusion entre les écrits du testeur et ceux du testé.

De manière générale, le testeur ne doit faire aucune remarque sur le comportement du sujet et ses choix de crayons, de couleur ou non ainsi que du non- respect des consignes. En cas d'hésitations du sujet, la relance de la passation et la mise en confiance ne peuvent être qu'anodines imprégnées d'empathie mais jamais intrusives.

3. Enoncé des consignes

Ces consignes sont présentées une par une, la deuxième *après* la réalisation de la première, ainsi de suite et dans l'ordre chronologique :

Chez l'adulte : dessin d'enfance, dessin des mains, dessin de la main qui gêne.

Chez l'enfant : dessin libre, dessin d'enfance, dessin des mains, dessin de la main qui gêne. (si l'enfant est très à l'aise, on peut commencer par le dessin qu'il dessinait quand il était plus petit et terminer par le dessin libre.)

Pour le dessin d'enfance C :

Le testeur dit à l'adulte : « Dessinez le dessin que vous faisiez le plus souvent quand vous étiez enfant ». Si le sujet montre quelques réticences, il ajoute « vous pouvez dessiner un dessin de votre adolescence » et rassurer par des généralités neutres et anodines.

Le testeur dit à l'enfant : « *Dessine le dessin que tu faisais quand tu étais plus petit* ». Si l'enfant hésite, on peut ajouter « *quand tu étais à la crèche, en maternelle, à l'école…tu avais certainement un dessin que tu faisais souvent* ».

Le dessin terminé, le testeur le récupère, marque - **C,** à l'arrière, apprécie le temps de latence, la durée globale de l'épreuve et note d'éventuels commentaires spontanés.

Pour le dessin des mains H ou Ha :

Après avoir récupéré le dessin C, le testeur tend au sujet une deuxième feuille de papier et un crayon noir. Les crayons ou feutres de couleurs sont toujours à portée de mains mais *le testeur ne le mentionne pas* et il énonce la deuxième consigne, la même chez l'adulte et l'enfant, celle de *« dessiner des mains autant qu'il veut, dans la position qu'il veut mais il ne doit pas contourner sa propre main posée sur la feuille de papier »*.

Après l'exécution du dessin, le testeur note - H ou -Ha au verso, le temps de latence, la durée totale de l'item, d'éventuels commentaires. Il doit être vigilant pour se souvenir de l'ordre dans lequel chacune des mains sont apparues. Il passe ensuite au troisième item *sans faire allusion ou présenter un type particulier de crayons.*

Pour le dessin de la main qui gêne D

Le sujet a toujours à sa disposition le crayon noir et les crayons de couleur. On lui propose de « dessiner la main qui gêne, la main qui dérange ». Si le sujet ne comprend pas bien la consigne, le testeur la répète de façon *identique* du ton le plus neutre et anodin possible. *Surtout,* il ne faut pas induire de réponse en « essayant d'expliquer » que c'est une main menaçante ou qui effraie etc. On laisse réfléchir le sujet, sans faire aucune remarque, libre de contourner sa main ou d'utiliser des couleurs.

Il existe de rares cas de refus de dessiner la main qui gêne. Il faut accepter sans faire de remarques et passer à l'entretien. À aucun moment, le sujet ne doit se sentir surveillé…

Pour le dessin libre FD

Cet item, en protocole, est *exclusivement* réservé à l'enfant, mais si l'adulte veut spontanément dessiner hors consigne, il faut le laisser faire. Le testeur propose à l'enfant de « dessiner le dessin qu'il fait *actuellement* le plus souvent ». Il faut laisser l'enfant libre de faire autant de dessins qu'il veut. Il me semble maintenant, qu'il est préférable de faire passer le dessin libre (FD) *avant* le Davido-CHaD : cela met en confiance l'enfant et permet de démasquer des pathologies souvent lourdes. Rappelons le cas d'Elsa, qui à 6 ans ne sait faire que des gribouillages, comme dessin libre. Le dessin étant une projection de soi, nous apprenons qu'à 6 ans, elle n'a pas de corps « présentable », mais qu'avant d'être abusée par son père, elle avait un corps… et est capable de projeter son image du corps intègre à 3 ans : juste avant d'être abusée par son père qui a nié le corps de cette toute petite fille.

4. Entretien et enquête après les dessins

En passation individuelle, une fois les dessins recueillis, le psychologue reprend avec le sujet, les dessins dans leur ordre chronologique : C, Ha, D chez l'adulte. Et FD, C, Ha, D chez l'enfant. C'est à ce moment-là, que certaines *questions fondamentales (Q.F.)* doivent être posées et c'est en raison des réponses ou de non réponses, du contenu d'éventuels commentaires spontanés du sujet, du comportement du sujet, de son attente que le psychologue pourra poser d'autres questions comme « explique ou expliquez mieux » ou des questions plus précises et pertinentes mais *surtout non suggestives.*

Tous ces commentaires, ces réponses doivent être notées *« dans le texte »* avec leurs mots, leurs fautes, leurs approximations, leurs raccourcis, leurs erreurs et le psychologue doit y attacher d'autant plus d'attentions que le sujet était au début de la passation plus ou moins mutique et/ou silencieux.

Les questions fondamentales à poser sont :

Pour le dessin d'enfance **C** :

• Quel âge a le sujet à l'époque où il dessinait ce style de dessin ?

• Cet âge correspond-il à quelque chose de précis de son enfance : si le sujet ne sait pas quoi répondre, le psychologue peut suggérer quelques hypothèses, par exemple : un déménagement, une naissance ou la mort d'un proche, le divorce des parents etc. ?

Tous les sujets sont capables de « dater » leur dessin d'enfance : à un certain âge, un évènement (grave ou anodin pour la pensée collective du milieu social du sujet) a marqué ce sujet ; c'est l'âge où la vie de l'enfant a changé voire a basculé. Le dessin d'enfance correspond toujours à la tranche d'âge où quelque chose a été ressentie, vécue par l'enfant comme un changement plus ou moins traumatisant, comme quelque chose d'important pour lui, pour sa vie. Ce rapport à l'intime, à l'image du corps et à son ressenti permettent d'approcher le niveau de narcissisme du sujet et de dépister, *détecter* les évènements (heureux ou malheureux) qui ont fondamentalement induit une certaine construction psychique originale du sujet, strates de son inconscient. C'est ce que l'on peut appeler *l'anamnèse ressentie* qui va permettre de détecter des faits réels mais oubliés par le sujet et donc éventuellement trouver une cause plus ou moins curable aux symptômes du sujet.

Pour le dessin des mains H ou Ha :

• que font ces mains ?

• à qui appartiennent-elles ?

Rappelons que chaque fois qu'il dessine des mains, le sujet leur attribue une fonction, un rôle, une action même si « elles ne font rien ». Certaines actions sont très particulières et doivent alerter le testeur : ce sont celles que décrivent *les mots-clés* comme « *prendre, tenir, attraper, toucher, caresser, trembler* » ou un mot qui a la même connotation. Ces actions sont pathognomoniques *d'abus sexuel* et sont utilisées par les victimes et les abuseurs. Il faut en rapprocher les actions comme « *taper, être fort, costaud…* » qui doivent faire évoquer une *maltraitance* vécue par le sujet. Dans ces situations le testeur doit poser *immédiatement deux autres questions : quoi et/ou qui.* C'est-à-dire, que tiennent-elles ?… et à qui appartiennent-elles? Ou bien que touchent les mains, quelque chose et/ou quelqu'un ?

Pour le dessin de la main qui gêne**D**

• que fait-elle ? Pourquoi gêne-t-elle le sujet ?

• à qui appartient cette main ?

L'action de la main qui gêne est essentielle à déterminer et là aussi, le psychologue doit :

• s'alerter de l'utilisation par le sujet de mots-clés, les mêmes que ceux du dessin des mains et « *taper, mettre la main sur…, trembler* » sont pour la main qui gêne très pertinents et demander, tout de suite, pourquoi et qui, cela gêne, et pourquoi cela dérange ?

• l'appartenance au sujet de la main qui gêne, pour un sujet *adulte*, est une base majeure de diagnostic de maladie mentale dans le Davido-CHaD quand elle est associée à un comportement très particulier du sujet, dominé par *l'inversion des temps de latence.* Ceci a déjà été détaillé mais insistons sur le fait que cela ne concerne pas les *sujets en cure d'analyse* et que, le plus souvent, il n'y a pas de pathologie mentale chez le petit enfant qui apprend à écrire et chez les personnes souffrant d'un handicap physique de la main ou les personnes âgées non détériorées ; dans tous ces cas où la main qui gêne n'est pas une *main imaginaire, une main symbolique* rejetée par le sujet, le comportement de celui-ci est normal pour les temps de latence, la cohérence avec les commentaires et les réponses aux questions.

Pour les deux dessins en rapport avec des ou la main H et D :

• Quelle main *préférez-vous* ? (le sujet ne doit en choisir qu'une seule), Et pourquoi ?

Préférer la main qui gêne, sans pour autant qu'elle appartienne de façon franche au sujet, n'est pas anodin, n'est pas de l'ordre du caprice et/ ou de la provocation mais de celui de la pathologie. Dans ce cas, le sujet préfère la main qui gêne aux autres mains car, inconsciemment, c'est elle qui le représente vraiment, elle qui cristallise, « symbolise », *résume le défaut physique ou social* (réel ou plus souvent imaginaire) dont il souffre. En préférant la main qui gêne, le sujet témoigne du peu de distance qui existe entre lui et l'autre. Par exemple, si la main qui gêne est une main agressive qui ne lui appartenait pas, dans ses commentaires, le fait qu'il puisse la préférer à H, montre que l'identification à l'agresseur est ténue. Les limites entre le normal et le pathologique sont fragiles…

Remarque importante : l'émotion et/ou l'inaptitude du sujet peuvent parfois être si fortes que celui-ci ne peut s'exprimer *oralement* et il faut savoir lui proposer de *répondre en dessinant*, aux questions fondamentales QF.

• Le cas historique de la « main cendrier »[4,] :

Il s'agit de Madame C. 43 ans.

<u>Le dessin d'enfance **C**</u>

En milieu psychiatrique fermé, les patients *reconstruisent* leur dessin d'enfance en disant par exemple comme Mme C. : « j'avais 7 ans, je dessinais toujours une grande croix. Là il y avait un gâteau. Il y avait aussi un personnage, c'était moi, assise sur une chaise, il y avait de la couleur, du rouge, du bleu, du vert. J'étais sur une chaise, c'était moi avec une jupe. Il y avait un gros gâteau, j'étais gourmande. J'ai été baptisée à 8 ans car j'étais un enfant adultérin… Le personnage était aussi grand que la croix. Le gâteau aussi grand que le tronc. Le gâteau c'était une pièce-montée. J'étais gourmande, j'aimais le charbon, les granulés… »

FIG 025

Mme C. 43 ans, dessin d'enfance C

Le dessin des mains **H**

Madame C. dessine trois mains de grande taille, la première refermée sur elle-même est une « main-cendrier en argile » que l'auteur aurait pétrie dans une autre institution. Les autres sont des mains vues de dos, avec des dimensions réglementaires… ajoute-t-elle. Madame C. raconte une anecdote sur la main en argile qui lui servait de décoration chez elle, jusqu'au jour où la gardienne et/ou une voisine venue arroser les plantes, s'en est servie comme d'un cendrier. « Ne pouvant pas tolérer une chose aussi cruelle qui lui évoquait la torture et l'univers concentrationnaire, elle a offert cette main à une amie très chère… »

FIG 026

Madame C. 43 ans, dessin des mains (cendriers) C

Dessin de la main qui gêne, D :

Si le sujet tout-venant ne se reconnait pas dans l'image d'un corps morcelé, il ne se reconnait pas non plus dans la main qui gêne « morcelée » et il dit : « ce n'est pas la mienne, c'est celle de l'Autre… » En revanche, chez le sujet mentalement pathologique, sa main et la main qui gêne ne font qu'une seule main, la main morcelée du sujet qui souffre, fait hurler de douleur Mme C. : « Chaque fois que l'on éteint une cigarette dans ce cendrier, on me brûle la main, j'ai mal et mes doigts se rétractent (elle représente bien les doigts collés et repliés).

Chez ce sujet on voit bien la superposition entre des « mains » et la « main qui gêne », la main de cette femme, son corps, n'existe que parce qu'elle souffre. Sa propre main se superpose à l'objet-cendrier. Le cendrier n'est évoqué qu'en parole, à peine évoqué par le léger creux de la paume ; il se mêle, il ne fait qu'un avec la peau. C'est la peau de la malade qui est brulée. Il n'y a pas de limite entre sa main et l'objet qu'elle a pétri de ses mains, ce cendrier qui ne s'est en fait pas détaché de son corps. On retrouve dans la souffrance de cette femme ce que décrit Anzieu[1] dans « le Moi-Peau » ou bien ce sont ses mains qui ne font plus partie de son corps et sont éparpillées tels des objets dans un espace extra corporel ?

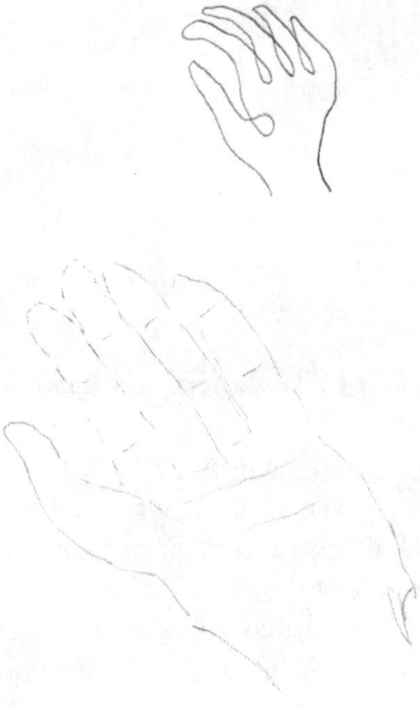

FIG 027

Madame C. 43 ans, dessin de la main qui gêne D : main cendrier

Dans ce cas pathologique, l'intégrité du corps est fragile, fluctuante. Nous sentons que le sujet « vit » sur un mode douloureux cette main qui gêne. Tout objet extérieur peut être une représentation de lui, une excroissance de son corps.

Chez les sujets tout-venants la main qui gêne peut revêtir dans le dessin un aspect de souffrance tout aussi intense, les doigts peuvent être amputés, sanguinolents, écrasés, déformés d'une manière horrible, mais à aucun moment le sujet ne s'attribue ou n'attribue une souffrance quelconque à cette main dysphorique, hideuse car cette main lui est étrangère et ne semble pas le concerner. Elle peut aussi lui inspirer crainte et dégoût mais l'idée d'une souffrance n'est jamais soulignée.

Nous pouvons citer le cas le plus fréquent des mains amputées et déformées dessinées par les personnes qui utilisent beaucoup leurs mains dans leur profession : tels les kinésithérapeutes, les dentistes, les chirurgiens, les conducteurs de train, les menuisiers etc… Dans ces professions on retrouve une main qui gêne très handicapée, mais cette main n'appartient pas au sujet, elle appartient, de principe, à un sujet… accidenté.

Le sujet tout-venant décrit cette main comme une main infime, voire monstrueuse, mais c'est une main que le sujet décrit sur un mode neutre et détaché sans vraiment s'impliquer, surtout sans interêt brutal et/ou exclusif. En revanche, chez le sujet mentalement pathologique, l'implication de soi dans la main qui gêne est brutale et amène le sujet à « se mettre en scène », à vivre sa souffrance. Ce processus est *paradoxal* puisque l'on décrit le sujet psychotique comme non concerné par son environnement, détaché du monde extérieur, vivant dans « son monde à lui » … Or la main qui gêne le psychotique est vécue comme un être souffrant, plaintif, vivant une souffrance symbiotique avec l'extérieur : le cendrier a mal et fait mal.

IV. Interprétation

C'est parce que le psychologue trouve *la même trame*, une sorte d'unicité dans les symboliques exprimées même si elles sont de puissance inégale dans les trois dessins, l'enquête, les commentaires et les réponses aux questions fondamentales et qu'il dégage une *cohérence,* qu'il va pouvoir exprimer des certitudes diagnostiques sur la personnalité du sujet mais surtout sur les processus psychiques, les types de traumatismes qui ont construit (et construisent encore) cette personnalité.

On comprend donc pourquoi *l'empathie* est indispensable pour la passation et l'interprétation : sans elle, comment parcourir les labyrinthes, la complexité de ces constructions psychiques, comment connaître les faits et surtout les faits ressentis qui ont orientés la vie du sujet ?

Chaque cas est unique, chaque dessin est unique mais tous font appel dans leur expression à des constantes que nous allons développer. Surtout, le psychologue doit garder à l'esprit, pour son interprétation, que chaque hypothèse qu'il formule doit trouver une *résonance cohérente et globale*, non seulement dans les trois dessins (quatre chez l'enfant) mais aussi à l'enquête.

1. Interprétation détaillée

Voici les renseignements [4,5,6,10,12.] indispensables que le testeur, qui fait passer le Davido-CHaD, doit apprécier puis noter :

a) Les Temps

Le testeur doit apprécier la durée totale de l'épreuve et celle de chaque réalisation. Mais *pas de chronomètre,* ce qui pourrait déconcerter et déconcentrer le sujet. Ce qui importe n'est pas le temps en soi (temps total et temps de chaque item) mais :

• le temps de latence : qui est le temps que le sujet testé met à comprendre la consigne c'est-à-dire le temps entre la fin du premier énoncé de la consigne (compréhension) et la mise en action (dessiner) du sujet. Toute tergiversation, comme dans le cas de Jean-Luc (cas détaillé plus loin) est une manière déguisée et significative qui rallonge le temps de latence.

• les temps comparés : c'est-à-dire qu'il faut relever les franches différences ou similitudes dans les durées de compréhension et/ou d'exécution de chaque item.

Le sujet tout venant met environ une dizaine de minutes pour passer la totalité du Davido- CHaD. Il met un temps à peu près égal pour les 2 premiers items et un temps plus long pour le troisième, la main qui gêne. Aussi, les temps doivent s'apprécier en termes approximatifs, ceux ressentis ou perçus par le testeur : *excessivement court* (Tec) où le sujet se précipite, *court* (Tc), *moyen* (Tm), *long* (Tl) ou plus de une minute et *excessivement long* (Tel).

Plus que les temps eux-mêmes, c'est *leur comparaison les uns aux autres* qui est essentielle à déterminer puisqu'elle oriente vers un type de personnalité ou vers une pathologie. Quand l'un de ces temps, passé pour réaliser l'item, est très long, le testeur doit savoir attendre… que le temps passe. Le temps du psychologue n'est pas le temps du sujet : on est face *au temps intime du sujet,* le temps de son histoire. Interrompre brutalement ce temps, fait perdre la possibilité au sujet de dire, de peut-être commencer à évoquer son problème. Le testeur se prive de l'amorce de l'essentiel. J'en donnerai comme exemple une de mes erreurs :

Dans des Services de Psychiatrie et/ou dans des consultations d'enfants, où les rendez-vous étaient toutes les demiheures, je n'ai pas toujours ressenti l'importance du temps nécessaire… pour que le sujet, arrive à exprimer son tourment. Je me souviens d'une jeune fille d'une quinzaine d'années. Elle accompagnait des enfants désignés comme abusés sexuellement, dans le cadre d'une association contre la maltraitance et âgée de 16 ans, elle a demandé à dessiner aussi… Elle dessinait et colorait, recolorait sans fin… un dauphin bleu dans un geste horizontal, régulier comme automatique sans lever le crayon de la feuille et sans lever les yeux… Le temps passant j'ai fini par lui dire que son dauphin était très joli, mais que le temps pressait et qu'il fallait que je rencontre les jeunes enfants qu'elle m'avait amenés.

Des années plus tard, j'ai appris et compris que cette jeune fille avait essayé désespérément de me signifier sa souffrance : déjà abusée par son père, elle l'était de nouveau par le nouveau mari de sa mère… C'est sa mère qui m'a téléphoné une dizaine d'années plus tard, pour m'annoncer que son deuxième mari était un pédophile que l'on venait d'emprisonner, son réseau de pédophilie ayant été démasqué.

Cette demande de passer le test, je l'avais, hélas, mal interprétée… car, je connaissais bien sa mère et son beau-père… et tout paraissait si normal… Que de tristes a priori. ! La mère, « pour une fois »… n'était pas complice…

• un temps global long (Tl ou Tel) mais équilibré entre chaque item évoque une certaine plasticité cérébrale, due à une dépression, des médicaments psychotropes, à l'alcoolisme, à des maladies organiques.

• un temps global court (Tc ou Tec), à peu près égal pour chaque item, évoque chez l'adulte une instabilité caractérielle, un bâclage, synonyme de refus agressif comme pour masquer une honte ou bien le sujet pense que plus le test sera vite passé moins le testeur saura qui il est. Les adolescents, le plus souvent en période apparente d'instabilité, sont généralement narcissiques et/ou provocateurs et pourtant ils ne bâclent pas, « prennent leur temps » pour dessiner de nombreux détails plus ou moins crus. Les adolescents délinquants ont tendance à « provoquer » le testeur, avec des dessins très « sexués ».

• *l'enfant battu* passe beaucoup de temps (Tl à Tel) avant d'exécuter la consigne « dessiner des mains » et pour la dessiner mais il se précipite (Tec) sur la réalisation de « la main qui gêne » l'énoncé de la consigne étant à peine terminé !

• *l'enfant abusé sexuellement* commence par refuser son dessin d'enfance (Tel) et quand il accepte, il met « des heures » pour le réaliser puis il met aussi beaucoup de temps pour les deux autres items. Ce temps peut être si long que certains enfants ne parviennent pas à dessiner le dessin des mains et le dessin de la main qui gêne. Ces durées excessivement longues montrent combien il est difficile, douloureux d'accepter de faire « remonter à la surface », c'est-à-dire énoncer, l'innommable enfoui. Etant donné que lorsque l'on voit un enfant pour lui faire passer le Davido-CHaD, on ne connait évidemment pas son histoire, à priori qu'il est abusé, il est *préférable de demander le dessin libre (FD) en premier avant toute autre consigne*[12.] : l'enfant ne se sent pas en situation de test, d'examen et surtout dans ce climat empathique et bienveillant et s'il est victime de maltraitance sexuelle, il va comprendre mieux qu'enfin, quelqu'un est là pour l'aider, va peut-être comprendre l'origine de ses souffrances et non le cataloguer dans tel ou tel type de désordre psychiatrique ou orthophonique !

• *le sujet aux désordres mentaux*, de type schizophrène donne l'impression au testeur d'avoir beaucoup de difficultés à « comprendre » les deux premières consignes (Tm ou Tl) mais se précipite, dès la consigne de la main qui gêne, souvent pour plaquer sa main sur la feuille de papier, la contourner totalement ou plus souvent partiellement[4,12.] ; ici, l'hétérogénéité des temps porte surtout sur la compréhension. Dans d'autres psychoses, le temps de latence s'allonge surtout par la durée de la réalisation car le sujet passe beaucoup de temps à dessiner une multitude de détails hétéroclites et sans limites ou pour s'acharner sur un détail. Le temps très long est lié à la lenteur de la réalisation du graphisme, souvent au nombre élevé de dessins sur une même feuille et/ou sur plusieurs, parfois aussi au débordement de commentaires souvent peu cohérents. À noter que tous ces détails, effectués sur la même feuille de papier évoquent des empilages, des vignettes, des collages. Un sujet tout venant *peut* représenter ou commenter beaucoup de détails et/ou d'idées variées mais il prend de lui-même ou demande d'autres feuilles et les commentaires s'accordent avec le dessin. *C'est l'inversion des temps de latence* (très longs pour les items C et H et proche de zéro pour l'item **D**) *qui donne à l'appartenance de la main qui gêne son sens pathologique très en faveur de maladies mentales*[4,12].

• *le sujet âgé, non dément* [4,8], laisse passer un peu de temps (Tm) pour débuter son dessin d'enfance souvent par coquetterie et c'est charmant, (« j'ai 90 ans, comment voulez-vous que je me souvienne ? ») ou par stéréotypie, souvent avec humour (vous vous rendez compte de l'âge que j'ai, comment voulez-vous que je me souvienne !)

b) Les analyses pendant la passation

Même si le testeur doit donner l'impression de ne pas scruter les dessins pendant la passation, il doit en noter les caractéristiques :

• *la façon de dessiner* chaque item : l'aspect ordonné ou désordonné, achevé ou inachevé ; la réalisation d'emblée ou avec plus ou moins de retouches, de renforcements, de ratures, d'essais et d'erreurs (rappelons qu'il n'y a pas de gomme); l'ordre d'apparition des éléments du dessin d'enfance, de celui des mains ; l'utilisation ou non de la couleur ; les hésitations pour continuer le dessin ou seulement un détail et quel détail ? En relevant soigneusement dans sa mémoire (et pas sur un support physique) ce cheminement dans le descriptif, le testeur est à même de comprendre le cheminement de la pensée du sujet :

• *les commentaires spontanés* du sujet durant la passation mais surtout quel item et quels détails ont déclenché le commentaire.

• *le comportement physique* [4] du sujet durant la passation : rappelons le cas historique d'Elsa (détaillé plus loin) 6 ans, qui en cours de dessin de la main qui gêne, se lève brutalement pour fermer la salle de bureau à clef… elle exprime ainsi sa force de tenter de résister à ses parents : nous apprendrons de sa mère complice, qu'elle est abusée par son père et symboliquement tente de fermer la porte à clef, pour échapper à son père abuseur.

Certains sujets peuvent déchirer, couper, cacher un des dessins (c'est pourquoi il ne faut pas nettoyer son bureau ni être dans une pièce trop vide). Je n'ai rencontré ces comportements que chez des enfants qui ont été témoins ou impliqués dans des scènes de violence familiale ou ont vécu une violence institutionnelle.

Certains sujets peuvent aussi refuser de dessiner ou abandonner le dessin en cours et s'enfuir, se sentant en situation de danger pour eux-mêmes (ils ne veulent pas que l'on sache, ils ont honte, etc.) ou pour d'autres ne veulent pas révéler qui est l'agresseur.

Les sujets abuseurs sexuels sont souvent comme « détachés », ils ne s'impliquent pas et ne se sentent concernés ni par le dessin d'enfance ni par le dessin des mains **H.** Ou bien, ils donnent l'impression de vouloir « vite en finir » pour être débarrassés. Leurs commentaires sont neutres, impersonnels, « automatiques » et convenus, cherchant peut-être à distraire le psychologue.

c) Les caractères des dessins[4,10,12.]

L'interprétation prend en compte : le graphisme, l'aspect des dessins, l'utilisation ou non de la couleur dans les trois dessins, le contexte dans lequel les dessins apparaissent et se construisent tels les temps, par exemple les temps de latence, l'âge du dessin d'enfance, l'enquête et les commentaires.

• Le graphisme

Taille, proportions, traits et l'aspect des dessins. Au contraire de beaucoup d'autres tests projectifs où l'interprétation des caractères spécifiques de l'imagerie, produite ou choisie, est essentielle pour le diagnostic, le Davido-CHaD reconnait des *directives, des « climats »* comme l' harmonie ou non dans les traits, le genre de couleurs, les proportions, l'aspect général ou celui d'un détail dans chacun des item, (quel détail et dans quel item ?). Il permet aussi de repérer *des manques* dans certaines représentations, des discordances et des incohérences, des non-dits, parfois beaucoup plus « parlants » que ce qui est visualisé. Nous verrons l'exemple du « Nounours ».

La taille des dessins s'apprécie comme : soit moyenne (entre 1/3 et 2/3 de la surface du support), soit grande (supérieure au 2/3), soit petite (inférieure au 1/3), soit extrême (minuscule ou géante) : chez les sujets tout-venant, en général, schématiquement :

- les jeunes enfants de 3 à 5 ans dessinent de grands dessins ,
- les adultes des moyens ou des grands dessins,
- les personnes âgées, des petits dessins,
- les patients, en milieu fermé utilisent les tailles extrêmes

Les proportions et le nombre :

Elles sont en principe homogènes entre les 3 dessins ce qui confirme le principe d'unité de la projection de soi. La taille de la représentation est en rapport avec celle de l'ego. Une grande taille pour une ou des représentations évoque l'immaturité du sujet voire son manque de limites ; une trop petite taille se rencontre chez les sujets inhibés. Les sujets de type psychotique utilisent des représentations extrêmes, géantes ou minuscules, mais surtout se distinguent par le nombre multiple de dessins d'enfance produits (généralement empilés, enchevêtrés sur la même feuille).

Le trait :

C'est le trait qui détermine la taille et les proportions, les limites du dessin ou du détail d'un dessin et donc, c'est lui qui révèle l'adaptation du sujet au réel et ses dominantes psychologiques. Il y a autant de traits que d'auteurs mais certains traits sont très particuliers et évocateurs d'un type de personnalité

Dans le dessin d'enfance, le trait du bonhomme en fil de fer [4,12.] me semble être le seul trait déterminant. Ne dessiner un personnage que par un trait est très rare. Le personnage en fil de fer est totalement stylisé : 2 traits pour les bras, 2 traits pour les jambes, un rond pour le visage créent un personnage sans volume, sans épaisseur et sans vie. Quel que soit l'âge du sujet, il évoque un rapport grave à la mort soit extérieur soit intérieur au sujet (anorexie, idées suicidaires ?). Cf. cas de Laurent. P.

Dans le dessin des mains, la qualité du trait renseigne sur les dominantes psychologiques du sujet surtout quand elle est monotone et uniforme :

• Un trait hésitant, voire effiloché renseigne sur le niveau d'anxiété du sujet adulte mais est banal chez l'enfant ou le sujet âgé, un trait « foisonnant » est trouvé chez des sujets ayant des problèmes sexuels.

• Le trait appuyé, épais et surchargé est utilisé par les sujets frustes ou violents et les sujets en milieu psychiatrique parfois associé à certaines écritures calligraphiques.

• Le trait repassé sur lequel le sujet revient sans cesse lourdement est aussi pathologique mais souvent d'origine organique.

• Deux traits sont très particuliers [4,12.] :

• Le trait *unique, peu appuyé, net et sans bavure, tracé d'un seul tenant, avec la même pression* qui est pathognomonique de la schizophrénie dans le Davido-CHaD, comme si le sujet s'enfermait, ne pouvait dévier de sa ligne dans un mouvement continu, monotone, sans lever le crayon, comme robotisé lorsqu'il est dans la situation psychologique de projection de l'image du corps.

• Le trait *uniquement en pointillé,* pour toutes les représentations, qui est rencontré dans d'autres psychoses et/ou des pathologies psychiatriques lourdes

Dans le dessin de la main qui gêne D : l'interprétation de la qualité du trait est négligeable sauf le trait repris et très appuyé qui n'image qu'un détail comme un unique doigt. La main qui gêne est ce qu'elle est : ce qui est déterminant dans l'analyse, c'est son appartenance immédiate au sujet ou non, corrélée aux temps de latence et à l'âge du sujet.

Dans l'un ou les trois dessins, une particularité est *le trait en écriture* [8]. : L'écriture qui remplace le dessin est très rare. Il faut la différencier de la signature, affirmation de soi (fréquente chez l'enfant et l'adolescent) ou d'annotations de circonstances par contamination politico-sociale ou télévisuelle (surtout chez les enfants). Dans le Davido-CHaD, deux populations utilisent parfois l'écriture :

• *La population psychiatrique en milieu fermé.* L'écriture, en lettres ou en chiffres, remplace ou remplit le dessin d'enfance de lettres, de chiffres, de sigles, d'équations mathématiques ; l'auteur prend souvent des mesures, parle d'angles, de sinus et cosinus, de Pythagore et les «écrit » comme dessins d'enfance… tous ces signes, pseudo algébriques ou géométriques sont indéchiffrables par le testeur et compréhensibles par le sujet seul voire ésotériques. Les dessins **H** et **D** ne sont généralement pas pollués par cette production « mathématique ».

• *La population des sujets âgés détériorés intellectuellement.* Ceux-ci semblent comprendre la consigne mais ils ne dessinent pas et écrivent ou plus souvent gribouillent… l'intitulé de la consigne, comme « dessin d'enfance ». Utiliser l'écriture au lieu de dessiner me semble être un signe prémonitoire précoce d'une détérioration mentale, d'une démence de type Alzheimer.

• L'utilisation de la couleur

Rappelons que le sujet a à sa disposition crayon noir et crayons de couleurs mais que le testeur ne rappelle *jamais* au sujet qu'il peut les utiliser. Il évoque un choix, seulement en tendant un crayon noir pour le dessin des mains H.

Dans le dessin d'enfance C: l'utilisation de la couleur est en principe la règle « normale » pour tous les sujets. Quelques rares cas ne mettent pas de couleur ce qui fait évoquer chez le sujet tristesse, maladie organique, contexte de misère sociale ou grand âge… les personnes âgées, n'avaient parfois pas de crayons quand elles étaient enfants et… pour certains, dessiner était ou est encore un luxe…

L'interprétation est la même que celle du dessin d'enfant[6.] : choix de telle couleur pour telle chose, harmonie ou non des associations de couleurs, climat dégagé heureux ou triste, sale ou propret, ouvert ou fermé, clair ou confus, plats ou dynamiques etc..

Dans le dessin des mains H et la main qui gêne D : l'utilisation de la couleur dans ces dessins est un *discriminant majeur* du Davido-CHaD [4, 12, 17, 21.] et est synonyme d'excessive violence, de capacité à tuer que celle-ci soit professionnelle ou criminelle. Pour approcher le problème de la raison de tuer, dans mon expérience, il est indispensable de comparer les mains dans **H** et **D** :

• les sujets indemnes de pathologies mentales ne mettent *jamais* de couleur dans les 2 derniers items (**H** et **D**), ou alors, simplement un simple noircissement des ongles en rapport avec une tendance dépressive.

• chez des tueurs non criminels, ceux qui travaillent dans les abattoirs, les boucheries etc…., on retrouve une très nette différence d'aspect entre la main qui gêne **D** et les mains **H**, même si elles sont toutes les deux colorées : **H** est fait de plusieurs mains de formes, de taille, d'actions différentes alors que **D** est une autre main, différente et surtout les sujets, non criminels, la rejettent. Hormis la coloration des mains, synonyme de contexte violent, les tueurs non criminels dessinent le Davido-CHaD comme le sujet tout-venant.

• Les tueurs criminels colorient aussi toutes les mains et les mains **H** et **D** ne se ressemblent pas ; les mains **H** ont parfois des bizarreries, agissent avec des mots-clés souvent comme « prendre, tenir… » Mais les sujets ne les confondent pas, ne les associent pas à la main qui gêne **D** qu'ils s'approprient. Dans cette population, un cas particulier est celui des terroristes indonésiens, (nous le détaillerons plus loin). Les *ex- terroristes*[23, 24] semblent être une population à part : le dessin d'enfance **C** et l'aspect du dessin des mains **H** ne montrent pas de pathologie flagrante, n'évoquent pas la maladie mentale, même s'ils montrent un Ego démesuré (grande main unique pour **H** et pour **D**). En revanche, les sujets ne font strictement aucune différence entre la main **H** et la main **D** : elles sont jumelles, sont des copies conformes pour la taille, la couleur, la forme, l'action et les sujets *se les approprient également toutes les deux*.

2. Interprétation générale

a) Interprétation du Dessin libre **FD**

Rappelons que le test comprend 4 dessins chez l'enfant (FD, C, H, D) et 3 chez l'adulte (C, H, D).

Dans le protocole, le dessin libre n'est demandé *que chez l'enfant*. Bien sûr, si un adulte demande à en dessiner un, le testeur ne doit pas refuser et cette demande sera à interpréter. Je recommande maintenant de débuter la passation du Davido-CHaD par ce dessin libre car l'enfant se sent moins agressé et le testeur ne passera pas à côté d'une éventuelle *régression inversée* que nous allons détailler.

L'interprétation du dessin libre repose sur les critères habituels et classiques de l'interprétation des dessins d'enfants [6.] ou des gribouillis[10.] et sur le principe observable par tous que le dessin d'un enfant plus âgé est plus « élaboré» que celui d'un enfant plus jeune. C'est parce que le Davido-CHaD donne une « synthèse » de tous les dessins ressentis par le sujet, qu'il soit enfant ou adulte, c'est le testé lui-même qui « se » représente, tel qu'il se ressent et ce ressenti peut être inconscient, comme dans le cas du « dinosaure ». C'est grâce à cette anamnèse particulière que le sujet peut comprendre mieux l'orientation de sa vie actuelle. Jusqu'à cette passation du Davido-CHaD, le sujet révèle, enfin ce qu'il n'a jamais pu ou ne peut plus exprimer… par la parole, par son attitude, par son mutisme, par son regard etc.

Le processus de *régression inversée* [4,12.] est simple : le dessin d'enfance **C** est plus élaboré, plus soigné, plus riche de détails sur l'image de soi que le dessin libre **FD** même chez le petit enfant ;

le corps actuel projeté dans le dessin libre est plus ou moins nié, détérioré par rapport au corps déjà vécu du dessin d'enfance. La régression inversée est pathognomonique de la maltraitance notamment sexuelle chez l'enfant. Elle montre aussi que « l'étiquette » de déficience intellectuelle, collée à ces enfants, est une appréciation fâcheusement superficielle et irresponsable (nous renvoyons le lecteur au cas historique d'Elsa).

Inversement, en suivant ces jeunes patients, on peut observer un effet bénéfique de la thérapie quand le dessin libre **FD** redevient un vrai dessin d'enfant et non plus d'infâmes gribouillis.

2) Interprétation du dessin d'enfance C

La consigne est simple : « dessinez le dessin que vous faisiez le plus souvent quand vous étiez enfant ». Cette période évoque un contexte, une tranche d'âge, un moment particulier de la vie du sujet.

Le dessin d'enfance [4,12.] qui est la « somme, la synthèse » de tous les dessins réalisés durant l'enfance, apparait comme la première projection psychologique du corps correspondant à la période où s'est joué un traumatisme dont nous nous souvenons, qui a marqué un moment de notre vie et a influencé notre construction psychique. L'âge que le sujet attribue à ce dessin d'enfance (spontanément ou à la demande du testeur) n'est pas obligatoirement l'âge réel mais c'est celui qui marque une strate importante de sa propre histoire. Dans cette période décrite, heureuse ou malheureuse, *il y a un rapport à l'intime, à l'image du corps et son ressenti.* Cette image va d'autant envahir le sujet que ce retour à l'enfance l'a fait régresser, il ne sent ni jugé ni contrôlé puisque le matériel produit ne peut être vérifié. Le sujet comprend bien que la consigne n'est pas puérile, que le testeur ne demande pas « un souvenir d'enfance » mais qu'il lui parle de ce qu'il faisait le plus souvent c'est-à-dire de lui, de son intime, de son vécu. Le dessin d'enfance s'impose au sujet tout venant avec un puissant retour au passé et le sujet reproduit, *sans nouvelle création,* ce qu'il faisait, révélant la trace de l'image du corps, la trace du ressenti.

Dans certains cas, le sujet ne dessine pas son dessin d'enfance mais un *souvenir*, souvent jusqu'alors tu, le souvenir de quelque chose d'important pour lui qui s'est passé dans son enfance.

Dans tous les cas, le dessin d'enfance permet de dater et/ou de révéler certains traumatismes oubliés, des désirs insatisfaits et refoulés dans notre inconscient. Cette datation est essentielle dans certaine expertise car elle permet de corroborer de faits de Justice.

Ainsi, le dessin d'enfance révèle l'univers enfantin du sujet mais surtout il révèle l'orientation psychique du sujet. En effet il existe trois types de dessin d'enfance correspondant à trois types d'orientation psychique et le choix du thème du dessin n'est pas anodin.

- Types de dessins d'enfance

Quand nous produisons le dessin d'enfance, nous pouvons faire intervenir, à des degrés variables, trois processus psychologiques :

Le premier : *la restitution* : le sujet rend une partie de lui qu'il avait occultée. C'est un processus *très émotionnel* où le sujet recrée des conditions, des circonstances qui sont comme « gommées » du moment présent. Le dessin d'enfance restitué fait appel surtout à l'affectivité, est très utilisé par les sujets âgés ; il rend le dialogue plus aisé avec le sujet. Par exemple : une dame âgée de 89 ans, se souvient de ses promenades au Bois de Boulogne et dessine des canards sur le lac, comme elle avait l'habitude de les dessiner enfant… Elle sourit même en décrivant le bruit des « galoches » dans son pensionnat, tenu par des Sœurs.

Le second : *la reconstitution :* le sujet rétablit le dessin dans la forme primitive de son souvenir : le sujet commente « je sais, il y avait un arbre, une maison etc… du rose, du vert.. » et il dessine des arbres, des maisons, des personnages, comme quand il était enfant. Le sujet adulte tout venant utilise le plus souvent ce processus empreint de naïveté.

Dans ces deux *processus, restitution et reconstitution, le graphisme est enfantin, régressif* : on voit un « vrai » dessin d'enfant.

Le troisième : *la reconstruction :* le sujet bâtit et rebâtit, *il n'y a pas de passé*, il n'y a que le rationnel, *le retour à l'imaginaire est exclu.* On ne reconnait pas le trait de l'enfance, sa maladresse, sa naïveté, son absence de perspective. Même si le sujet déclare qu'il était « petit », il dessine par exemple une maison « parce que…, quand on est petit, on dessine toujours des maisons » : tout est dans le « parce que » la chose établie, le refus à l'imaginaire qui fait que le sujet ne régresse pas, ne s'implique pas, n'a plus accès à son vécu. Dans ce processus de reconstruction*, tout le graphisme des dessins est celui d'un dessin d'adulte sans aucun critère enfantin.*

Le processus de reconstruction peut envahir le sujet et révéler par là son *incapacité à se limiter, son incapacité à faire la différence entre le dedans et le dehors, à reconnaître l'Autre* : le sujet bâtit et rebâtit… les limites de la feuille de papier ne suffisent plus à contenir sa production. Cette absence de limites peut le faire, aussi, s'échapper de la consigne en reconstruisant toute une quantité de thèmes différents sur la même feuille ou des feuilles différentes. On n'est plus du tout dans l'enfance. Cette anarchie dans les thèmes, les tailles n'a aucun caractère graphique enfantin et révèle une image de soi fragile et incertaine.

Ces dessins reconstruits peuvent prendre parfois un *aspect très artistique* et le testeur ne doit pas se laisser impressionné par des qualités esthétiques : il faut se méfier du *« beau » dessin d'enfance* fait, refait, peaufiné qui montre que le sujet n'a pas compris et/ou ne se dépêtre pas de son problème ; cette pérennité conflictuelle bloque le sujet, l'enferme. On peut rappeler le cas historique du « clown ».

Cas historique du clown[4.] :

Le sujet, Z. a passé sa jeunesse et passe toujours son temps à peaufiner l'image d'un personnage, un clown. Au premier abord, l'aspect de ce clown est très esthétique, coloré et détaillé mais en l'examinant plus, on s'aperçoit que le personnage est en fait très dénigré, dévalorisé par des vêtements rapiécés, un pot de chambre sur la tête ; Z. en refaisant son dessin prend peu à peu conscience que ce « beau clown » dont il est si fier n'est que l'image de son père, maintenant décédé, avec lequel il a toujours était en conflit.

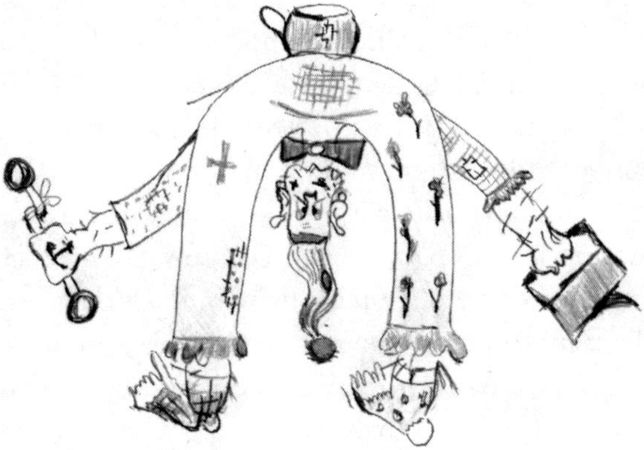

FIG 028

Z. 27 ans, a pris conscience d'avoir dénigré et jalousé son père, au cours de la passation du dessin d'enfance

• Le thème du dessin d'enfance

Il n'est pas anecdotique sans pour autant être discriminant pour affirmer une pathologie. Mais quand le thème diffère du thème « normal », le testeur doit le corroborer aux autres renseignements du test.

Le sujet tout-venant, adulte, choisit à une écrasante majorité deux thèmes : *la maison et le paysage.* Deux autres thèmes sont utilisés, les personnages et les animaux.

• Dessiner un ou des **personnages** dans le dessin d'enfance n'est pas rare. Il faut mettre à part le *personnage « fil de fer »* qui a toujours un rapport associé à la mort**.** On est dans le banal quand les personnages sont présentés comme sur une scène de théâtre mais c'est l'ordre d'arrivée et surtout l'action de ces personnages qui sont les plus intéressants à connaître. En revanche l'identification à un seul personnage est critique et il faut beaucoup se méfier de l'esthétisme du dessin.

• Dessiner des **animaux** dans le dessin d'enfance est rare. Beaucoup d'animaux sont familiers aux enfants et aux adultes. Les livres, les films, les fables leur en dévoilent tous les secrets ; même transformés en « peluche » moelleuse et douce, personne n'a besoin d'être face à un lion pour en connaître les dangers. Le langage occidental a attaché un symbole à l'animal et accroche souvent un « tendre » diminutif au petit de l'animal. L'ours est mal léché (mais en peluche c'est toujours un « gentil nounours »), on est fier comme un paon, malin comme un singe, changeant comme un caméléon etc… un bestiaire humain en quelque sorte.

Pour l'enfant (ou celui que nous êtions), la rencontre avec un animal s'établit de façon affective : l'animal est sympathique ou antipathique et c'est un être véritable qui a le caractère propre aux animaux de sa race. Dans le Davido-CHaD, le choix de l'animal n'est pas fortuit, il ne vient pas d'être influencé par une circonstance extérieure car c'est l'animal, que l'enfant choisissait, « dessinait le plus souvent » et donc il se projette, il s'identifie dans cet animal précis. Le psychologue doit, à l'aide des 3 items et de l'enquête, apprécier :

• le niveau des perturbations affectives du sujet car un animal domestique a quelques défauts : le chien mord, le chat griffe… mais c'est parfois tout simplement aussi l'expression naïve du désir d'être choyé, comme un petit animal domestique.

• la qualité de l'image de soi, certains sujets peuvent dessiner un animal car il se déprécie à son image « se sentant comme une bête ».

Ainsi, le testeur va pouvoir apprécier le dessin d'enfance comme normal ou pathologique. *À ce stade de l'interprétation, c'est le dessin qu'on qualifie, pas le sujet.* On parle de dessin d'enfance :

• « *Normal* », quand le graphisme, généralement d'un seul thème (maison ou paysage), est enfantin et surtout quand il est cohérent avec le commentaire. Bien sûr que, suivant le thème choisi, le trait, la taille, les proportions, les couleurs, l'aspect harmonieux ou non, etc., le psychologue peut définir des traits de caractère ou de personnalité, plus ou moins singuliers pour le sujet (anxiété, dépression, dynamisme, repli sur soi, narcissisme, manque de communicabilité, etc..), mais on est dans le crédible, le non pathologique : il y a concordance, cohérence entre le dessin d'enfance, les propos spontanés et/ou les réponses aux questions : c'est le climat du dessin que l'on retrouve dans les commentaires.

Le temps de latence et le temps de réalisation sont courts à moyens (un peu plus longs chez le sujet âgé non détérioré) et le testeur a une impression de banalité : le sujet date son dessin mais cela ne semble pas « le bousculer », il énonce des commentaires, plus ou moins riches, mais en concordance avec ce qui se dégage du dessin d'enfance.

Ce sont la cohérence, entre ce que l'on voit dans le dessin d'enfance de type enfantin et les commentaires, qui définissent la normalité. Mais attention, pour parler de cohérence évoquant la normalité, il faut paradoxalement que le dessin et les commentaires aient quelques petits défauts, ne soient pas trop parfaits, montrant par-là que le sujet a bien régressé, se contrôle moins, n'est plus dans le rationnel, qu'il est capable d'accéder à son imaginaire.

• « *Pathologique* », quand le graphisme n'est pas enfantin (dessin reconstruit) ou il déborde de détails hétéroclites ou utilise l'écriture et surtout quand les commentaires souvent très longs, *même parlant de choses enfantines* (réalisme intellectuel), ne concordent pas avec le(s) dessin(s). Ce manque de cohérence est aussi évident dans l'allongement massif des temps de compréhension et de réalisation.

c) Interprétation du dessin des mains **H** ou **Ha** [4, 8, 12.]

Après le dessin d'enfance, le testeur propose au sujet, à nouveau, le crayon noir et une feuille de papier ; il ne mentionne pas les crayons de couleur et propose la seconde consigne :

« dessinez des mains, autant que vous voulez, dans la position que vous voulez ». Malgré le flou de cette consigne, la majorité des sujets la comprend.

Pour l'interprétation et donc définir ou non une pathologie, il faut dégager certaines constances graphiques et surtout il faut savoir ce que font ces mains et à qui elles appartiennent (QF). En effet, la signification psychologique du dessin des mains, nous l'avons vue, repose sur trois critères : *les mains sont les mains du sujet, la main dessinée (sous plusieurs aspects) est une main ressentie,* ce n'est pas une main réaliste, *les mains se réfèrent au temps présent.*

• Détails graphiques des mains **Ha**

Leur nombre : le sujet adulte tout-venant dessine deux mains. Une seule main ou plusieurs mains (trois ou plus) questionnent, nous avons compris que plus l'enfant dessine de mains, plus il a de choses à dire sur lui-même et en passant beaucoup de temps, espère qu'il va, enfin, être compris. Alors qu'un adulte qui dessine de nombreuses mains, montre qu'il ne se sent pas sûr de lui. Une seule main plutôt grande évoque la culpabilité. Une seule minuscule se rencontre chez l'adulte psychiatrique. Par exemple une patiente de 40 ans, ne parlait pas de peur de blesser avec des mots, elle se prenait pour le Diable et dessinait une main minuscule, craignant qu'elle puisse blesser celui qui la verrait…

La taille : l'importance accordée aux mains est liée à la représentation que le sujet se fait de lui, actuellement ; le sujet tout venant dessine des mains de tailles, de formes, d'actions diverses. C'est la monotonie et/ou l'excès en trop petit (forte inhibition) ou trop grand (ego démesuré) qui sont pathologiques à des degrés divers.

L'anatomie visible : le dessin des reliefs, des lignes palmaires a souvent un rapport avec la mort et/ou un traumatisme affectif majeur.

Le poignet : son absence, son aspect coupé ou fermé par un trait, un bijou évoquent la culpabilité.

Les doigts : plus ils sont collés les uns aux autres, moins le sujet communique. C'est un peu la même chose quand les doigts sont repliés les uns sur les autres comme fermés sur la paume. Les légères dysmorphies sont un signe de dépression et/ou de fortes préoccupations du sujet ; les doigts surnuméraires peuvent évoquer le stress excessif, la culpabilité.

La détérioration anatomique visualisée : les mains sont amputées ou ont des doigts manquants, voire se résument à un doigt ; ces mains, souvent minuscules ou uniques, sont souvent faites avec des traits hachés, appuyés et semblent péniblement dessinées, les temps de latence et de réalisation étant très longs. Dans ces mains, l'image du corps actuel est excessivement altérée et doit faire évoquer une maltraitance chez l'enfant, un trouble d'ordre psychotique chez l'adulte. En Psychiatrie fermée, j'ai rencontré des sujets qui caractérisaient leurs mains d'âbimés, travaillant dur la terre… (c'étaient des citadins) pour lesquels *leur image du corps était altérée.*

La dissimulation : la ou les mains sont masquées par un gant et évoquent des traits de caractère négatifs comme l'hypocrisie, la duplicité, la ruse etc… mais aussi positifs comme le talent de comédien ou les qualités de stratège de l'auteur.

Le trait : il a déjà été détaillé. Le sujet tout-venant fait part de sa diversité en utilisant des traits différents et montre ses traits de caractères, sa confiance en lui et/ou est narcissique ; il cherche à montrer toutes les facettes de sa personnalité pour se faire comprendre et/ou se montrer à son avantage. Plus l'enfant dessine de mains, plus le temps de latence s'allonge, plus l'enfant essaie d'exprimer son mal être.

Il existe deux traits pathologiques : « le trait net et sans bavure » et celui « en pointillé », rencontrés dans certaines maladies mentales, chez les enfants et/ou les adultes.

La couleur : *le sujet tout venant n'utilise pas la couleur dans le dessin des mains H,* à peine le noircissement des ongles. L'utilisation de la couleur pour les mains H est extrêmement pathologique en rapport avec des actes violents (voir précédemment).

• Actions des mains

Elles répondent à la question fondamentale QF « que font ces mains ? ».

Il y a autant d'actions que de mains et/ou d'auteurs. Ce qui est intéressant, c'est de voir comment le sujet se met en scène, par quelle main il commence, comment ces mains vont agir. Le testeur ne cherche pas dans les commentaires du sujet sur « ce que font ces mains » à écouter une ou des histoires plus ou moins romancées ou médiatiques mais *à comprendre pourquoi le sujet fait agir les mains de cette façon-là* : quelles actions sont favorisées, dans quel ordre, avec ou sans temps de latence, quels sens ont leurs actions, sont-elles raturées sur le papier ou éludées ? Certains mots doivent attirer fortement l'attention du testeur :

Rappelons *la connotation violente des actions « à mots-clés » telles que prendre, tenir, attraper, toucher, caresser, taper* qui ont toujours un sens sexuel très péjoratif : enfant abusé, adulte impuissant, abuseur, criminel…et doivent *immédiatement* engager le testeur à poser deux questions, qui ? et/ou quoi ?

Commentaire dévalorisant : exemple *Les mains « moches » ;* cette réponse est une façon pour le sujet, quand il commente à l'enquête, de détériorer les mains, ses mains, alors que celles-ci ne le sont pas forcément sur le papier. Ces mains moches révèlent que le corps actuel est non seulement mal vécu mais aussi que le sujet lui reproche quelque chose, qu'il en a un peu honte ; le fait que ce commentaire survienne à ce moment de l'enquête où l'on est dans l'action des mains (que font ces mains ?) peut laisser supposer que le sujet essaie d'éloigner de lui des faits actuels dont il a honte, qu'il se reproche.

• Appartenance des mains **H**

Le sujet tout venant reconnaît ces mains comme siennes, il leur a donné un rôle, *il ne met pas de distance entre lui et les mains*. De principe, l'appartenance ou non au sujet des mains, du dessin des mains **H**, n'est pas un critère de pathologie puisque de façon innée, en se projetant, le sujet dessine ses mains. Mais il faut remarquer deux situations :

• Celle où les mains *sont* des *marionnettes* : *les mains « sont »* mais *ne font pas* les marionnettes. Le sujet donne ce rôle aux mains **H**, à ses mains donc en fait à lui-même. Se projeter en marionnettes n'est pas anodin, n'est pas du domaine de la provocation mais de celui de la pathologie : le sujet rejette sa personne actuelle, il la dévitalise, il n'a que des marionnettes, c'est un pantin qui n'a pas de mains « humaines »; c'est une forme de détérioration de l'image du corps.

• Celle des *mains étrangères* : le sujet tout venant reconnait ses mains comme siennes mais certains sujets pathologiques s'y refusent et présentent les mains Ha comme étrangères à lui, ne faisant pas partie de son corps ; ces mains sont étrangères à son corps *parce qu'elles n'appartiennent pas à un être humain* mais… à un lézard, un cendrier, à des étrangetés etc…et le sujet *ne peut se reconnaitre dans cette image.* Dans ce cas, *la projection de soi est limitée, morcelée voire impossible.* Le sujet dessinent des mains d'une manière automatique, sans discrimination, avec monotonie ; ces mains se ressemblent, se répètent et finissent par évoquer quelque chose de *dévitalisé* : ce ne sont pas les siennes, c'est comme si lui n'existait pas et donc les mains ne peuvent appartenir qu'à… une chose considérée comme un objet.

d) Interprétation de la main qui gêne **D** [4,12,20]

Le testeur tend une feuille de papier, tend un crayon noir, en prenant soin de laisser les crayons de couleur sur la table et énonce la consigne « dessinez la main qui gêne ». Mais surtout, il faut insister, lors de l'interprétation, sur certains critères pour pouvoir donner une définition pathologique à la main qui gêne et définir son rôle :

Nécessité de définir *le niveau et le type de son pouvoir de déstabilisation* : les sujets tout-venants ne comprennent pas d'emblée à quoi cette consigne renvoie… alors que les patients malades mentaux

« comprennent très vite » comme en atteste l'inversion des temps de latence chez eux… L'enfant abusé sexuellement ou maltraité, battu peut changer brutalement de comportement (regard intense) car il n'y a que cet item qui lui parle vraiment pour exprimer enfin ses souffrances ou encore… fuir ou encore… vouloir s'enfermer à clés etc. Mais attention dans cette situation, il faut bien comprendre que « *la pathologie grave » n'est pas celle du sujet*, même si elle peut en avoir l'apparence, *mais c'est celle qui lui a été infligée* par un autre : ces maltraitances ont un pouvoir ravageur sur le psychisme ; elles détruisent, modifient la construction psychique de l'enfant à un tel point que parfois cet enfant parait souffrir d'un déficit intellectuel profond et/ou d'une maladie mentale et/ou d'autres formes de pathologies psychologiques comme les scarifications, les fugues, les tentatives de suicides etc. nécessité de savoir impérativement *à qui appartient cette main qui gêne.* Le sujet *non* psychiatrique ne se met jamais en scène avec la main qui gêne, qu'il rejette avec force. Au contraire du malade mental qui se précipite sur la consigne : la main qui gêne semble être un piège qui se referme sur lui, il la vit dans l'instantané et dans la souffrance, dans une sorte de « présent douloureux » alors que le sujet tout venant est dans l'avenir avec la main qui gêne, cette « chose horrible » ne peut lui arriver ! Enfin un psychologue s'ntéresse à la partie malade que le sujet a en lui et qu'il n'a jamais pu exprimer avant. de répondre avec précipitation sur cet item qui est fait à la mesure de son mal être.

Nécessité de savoir dans quelle situation le sujet testé a emmené le testeur : est-on toujours dans le *domaine de la projection ou ailleurs* ?

Pour le sujet tout venant et/ou l'adulte souffrant d'une maladie autre que mentale on *reste dans le domaine de la projection* – ce n'est pas moi, c'est l'autre, un autre qui serait…c'est-à-dire un conditionnel… une projection de soi vers un possible futur : le sujet tout venant, même s'il a régressé, contrôle, en prenant son temps, ce qui le gêne. C'est tout le contraire du malade mental où la main qui gêne lui appartient comme, non plus une projection, mais comme *une extension de soi*, une extension de la partie malade qu'il a en lui et n'a jamais pu trouver le moyen de l'exprimer. Rappelons que la main qui gêne représente la partie malade de soi. Ainsi si c'est l'appartenance au sujet qui est discriminante pour la pathologie mentale, il faut rappeler les nuances à apporter en fonction de l'âge du sujet, de ses conditions de santé physique etc. : l'enfant encore maladroit, la personne âgée non détériorée devenue malhabile, le sujet amputé, le sujet souffrant d'une maladie non mentale s'approprient très souvent la main qui gêne car ce qui les gêne c'est leur corps et donc sa projection, la main. Mais dans ces situations, l'appartenance de la main qui gêne est comme naturelle, comme découlant des items précédents dans des temps de latence banals ; il n'ya pas de changement brutal de comportement, pas d'intérêt excessif pour la main qui gêne ; le sujet dans ses commentaires et ses réponses aux questions fondamentales QF n'utilise pas les mots-clés, est cohérent dans tous les items. *C'est l'association, appartenance au sujet de la main qui gêne et inversion des temps de latence, qui signe la pathologie mentale.*

Nécessité du testeur à ne pas « rater » *une amorce du dialogue, une amorce thérapeutique*[4]. C'est avec la main qui gêne que le sujet peut exprimer sa fragilité, le fait qu'il se sente mis en danger par lui-même ou un autre, qu'il peut trouver un lieu où il exprime ses souffrances et dire éventuellement les raisons de ses souffrances.

e) Interprétations particulières : les manques[4,9,12]

On ne peut en faire de catalogue puisque, par définition, on ne peut deviner le non-dit de tel ou tel sujet. Mais l'attention du testeur doit être attirée par :

Des ratures qui masquent : le sujet craint de donner une mauvaise image de lui ou bien trouve qu'il en dit trop sur lui, qu'on va le démasquer.

Une absence de graphisme et/ou de représentation comme l'absence de mains d'un personnage du dessin d'enfance (culpabilité, séquelles de maltraitance… ?), l'absence de trait pour une partie de la représentation comme dans l'exemple du « nounours ».

Cas du « Nounours [9]» :

Ce cas est emprunté à Benoît de Prémorel, dans le cadre d'une expertise judiciaire où un homme de 49 ans est accusé d'abus sexuel sur une de ses élèves de 15 ans. Il sera détaillé plus loin mais en voici déjà un résumé :

L'expertise reste incertaine car différents tests ne révèlent rien, les commentaires de cet homme sont neutres, anodins et très éloignés d'une situation d'abus sexuel. Comme la Police est sure de son accusation, le psychologue tente le Davido-CHaD qui n'en était qu'à ses débuts !

Le dessin d'enfance est un « nounours » avec un vrai visage, de grandes oreilles, un corps bien proportionné, le tout dans une couleur rose pastel. Le dessin des mains est banal hormis que ces mains sont vraiment petites pouvant témoigner d'un manque de confiance en soi. La main qui gêne appartient au sujet, il n'y a pas de couleurs dans les mains et à l'enquête, les commentaires sont également neutres et anodins « j'avais un nounours quand j'étais petit »…aucun mots-clés n'est utilisé pour décrire les actions des mains **H** et **D**… Donc a priori, on ne trouve aucun critère de violence chez ce sujet mais seulement une petite discordance : le trait, dessinant les limites du nounours, est trop net et affirmé pour quelqu'un qui a peu confiance en lui… et c'est en suivant ce trait que nous avons remarqué… qu'il manquait, juste à l'endroit sensé être celui des organes génitaux ! Ce cas, particulièrement original, sera détaillé plus loin.

Une absence de participation, d'implication dans les commentaires : les réponses très stéréotypées comme automatiques, convenues ou détachées, «neutres » ou « uniformisées » témoignent d'un non-dit, d'un contrôle de soi démesuré, d'une volonté de cacher, de ne pas endosser de responsabilités. Cette particularité est très vive chez les sujets criminels et les ex- terroristes, donnant l'impression que ces sujets sont figés dans un registre, qu'il n'y a aucune faille dans l'image qu'ils veulent donner d'eux-mêmes.

V. Indices diagnostiques

Les indices diagnostiques[12.] n'apparaissent pas avec la même puissance dans chacun des trois dessins, les commentaires et les réponses aux questions QF mais certains doivent particulièrement alerter le testeur, lui faire rechercher des convergences et lui faire poser des questions plus approfondies.

Il faut s'alerter de:

De temps de latence, pour la compréhension et/ou pour la réalisation, excessifs très courts ou très longs.

De temps de latence très disparates dans le même examen, très longs pour les items **C** et **H** et excessivement court pour l'item **D**, appelés « inversion des temps de latence ».

Chez l'enfant, d'un processus de régression inversée où C est plus élaboré que **FD.**

D'un dessin d'enfance de type reconstruit c'est-à-dire en fait un dessin d'adulte, même si le commentaire parle de l'enfance.

De l'accumulation sur la même feuille de détails hétéroclites, enchevêtrés.

De manques dans un dessin d'enfance pourtant de type enfantin.

D'un excès dans le nombre et/ou la taille des mains : unique ou multiples, minuscules ou géantes,

De l'utilisation de traits particuliers :

«Net et sans bavure » ou en pointillés dans les maladies mentales

Personnage en fil de fer qui a toujours un rapport à la mort

Trait en écriture et non en dessin

De la similitude (copie quasi conforme) des mains **H** et **D**

De la production d'une imagerie ou de commentaires évoquant une détérioration de l'image du corps actuel : les mains

H sont « moches » ou ce sont celles de « marionnettes » ou celles d'une autre « chose étrangère » (animaux, objet, etc.) et/ ou elles sont physiquement abimées, morcelées.

De l'utilisation de mots-clés dans les commentaires sur l'action des mains **H** et **D** : prendre, tenir, attraper, toucher, caresser, taper, mettre la main sur, trembler, être fort.

De l'appartenance au sujet de la main qui gêne et à un moindre degré sa préférence pour la main qui gêne, notions qui sont toujours à corréler aux temps de latence et comportement du sujet.

De la non implication dans des commentaires qui sont neutres, d'une très grande banalité, « ceux de tout le monde ».

D'un comportement anormal du sujet comme le refus de débuter le test ou déchirer un ou des dessins ou prendre la fuite après un dessin

Pour parler de pathologie, il faut que les indices, même de force inégale, soient globalement concordants entre eux, convergent dans le même sens et que les commentaires confortent la sémiologie *des* dessins des mains.

VI. Diagnostics

Les certitudes diagnostiques [12.] ou tout au moins leur forte potentialité, viennent dans le Davido- CHaD de la conception même du test, centré uniquement et directement sur la personne du sujet que l'on examine et sans apport extérieur. En dessinant suivant l'intitulé strict de chaque consigne, le sujet, bousculé, régresse et projette sa symbolique, son corps ressenti, son corps imaginaire. Certes, il va le faire avec une puissance variable dans les trois (ou quatre) dessins mais c'est avec une seule trame, la sienne celle à l'origine de toute sa construction psychique. C'est en suivant cette trame, ce fil conducteur que le testeur va trouver la cohérence de la globalité du sujet et pourra émettre des certitudes potentielles, pourra amorcer le dialogue thérapeutique.

Comme le sujet se projette dans chacun des dessins avec une force variable, inégale, il faut distinguer pour le diagnostic une graduation dans les arguments ou indices :

• les arguments ou indices sont pathognomoniques (AP), quand un seul argument suffit,

• les arguments fortement évocateurs (AE) doivent être assez nombreux.

• et les arguments seulement indicatifs (AI) quand ils sont isolés doivent être très nombreux et restent souvent des présomptions. Ces arguments indicatifs sont les plus délicats et les plus difficiles à traiter par le testeur car si celui-ci doit s'en alerter, demander plus de précisions au sujet, il doit toujours prendre garde à ne pas induire des réponses inadéquates ou choquantes.

Voici les arguments permettant d'évoquer certaines pathologies de différentes gravités :

1. Maltraitance

Pour parler de maltraitance, il faut avoir des arguments de type :

AP, arguments pathognomoniques comme la régression inversée, typique de l'abus sexuel : le dessin que faisait l'enfant quand il était plus petit est plus évolué que celui que fait l'enfant quand il a grandi.

AE, arguments évocateurs tels :

– un temps de latence et temps de réalisation longs ou très longs pour les deux premiers items C et H contrastant massivement avec le temps de latence très court du troisième item D la main qui gêne.

– une attribution, ouvertement et directement, de la main qui gêne à l'agresseur.

AE/AI :

• un regard vide, absence des mains des personnages.

• l'utilisation, dans les commentaires, des mots-clés pour le dessin des mains tels que prendre, attraper, tenir, toucher, caresser et pour la main qui gêne, taper, trembler et être fort.*

• l' invention *d'un double* : quand l'enfant se rend compte qu'il en a trop dit, qu'il ne se maitrise plus, il s'invente un double à qui il attribue ses propres problèmes.

• le changement de comportement du sujet comme s'il cherche de l'aide ou qu'il cherche à fuir.

2. Culpabilité

Les arguments sont de type :

AP : tout ce qui coupe le poignet et/ ou l'élimine : simple trait, bracelet, montre, bijou… ou totale absence de son imagerie,

AE : pour les mains **H** : une seule grande main et/ou doigts surnuméraires et/ou commentaires négatifs par le sujet comme des « mains moches ».

3. Hypercontrôle (ou hypervigilance)

Les arguments sont :

AP : difficulté voire incapacité à régresser dans le dessin d'enfance **C** et/ou mains **H** de type réaliste et/ou commentaires neutres, stéréotypés, sans implication ; il faut s'assurer que l'on a laissé au sujet assez de temps pour se sortir de ses blocages.

AP : similitude des mains **H** et **D**

Dans mon expérience, je n'ai rencontré cette similitude presque parfaite que dans la dizaine de cas d'ex-terroristes indonésiens que le Pr Sarlito W Sarwono a étudié à l'aide du Davido-CHaD* .

4. Rapport à la mort

Les arguments sont :

AP, pour :

la couleur dans les mains : le sujet est capable de tuer,

le personnage en fil de fer dans le dessin d'enfance,

AE : anatomie visible dans les mains H.

5. Dépression

Les arguments sont de type :

AP : « ce sont des mains posées à plat ou sur la table » et/ou « qui ne font rien »

AE / AI : un rapport à la mort et/ou des commentaires suicidaires.

6. Détérioration intellectuelle

Il y a une dégradation encore *infra clinique* quand les sujets écrivent au lieu de dessiner (arguments AP ou AE) et généralement ils écrivent la consigne.

Le Davido-CHaD permet de revenir sur des diagnostics erronés de détérioration intellectuelle alors qu'il s'agit surtout de dépression si les trois items sont normaux avec des commentaires adaptés et cohérents.

7. Anxiété isolée

Il y a une accumulation d'arguments évocateurs (AE) plus ou moins associés comme :

La même durée de lenteur pour effectuer le dessin de chaque item, dans un contexte d'excuses du type « je ne sais pas dessiner » alors que les consignes sont bien comprises,

Les traits hésitants, effilochés, repris, repassés,

Un assez grand nombre de mains H, différentes pour montrer toutes ses facettes.

Il faut être un « bon » clinicien pour différencier… une anxiété naturelle, commune à de nombreux sujets en situation de tests, ce qui peut être normal et différencier un sujet tel que celui présenté par Madame Dominique Thomas psychologue, détaillé plus loin comme cas Jean-Luc.

8. Absence de maladie mentale

AP les arguments fondamentaux :

Des temps de latence et de réalisation normaux c'est-à-dire ni trop courts ni trop longs et surtout un temps de latence plus long pour la main qui gêne : le sujet sans maladie mentale ne « comprend » pas d'emblée ce que veut dire « gêne », car l'image de soi n'est pas atteinte et ne correspond en rien à ce qu'il ressent. Malheureusement certains sujets tout-venants peuvent être concernés par cette main qui gêne, elle leur permet d'exprimer l'organicité de leur problème. Rappelons le cas de cette jeune femme de 37 ans, E. atteinte d'un cancer.

La cohérence du dessin d'enfance et de son commentaire, on est dans le même climat. C'est un dessin de type enfantin.

La main qui gêne, « horrible, qui fait peur » est toujours rejetée : le sujet tout-venant ne se l'approprie *jamais*.

Les mains H sont au nombre de 2 et différentes ; elles agissent mais les actions ne sont pas celles des mots-clés.

VII. Passation collective

1. Matériel

Le dossier, *fourni au sujet,* contient :

• un crayon noir, des crayons de couleur

• une chemise sur laquelle le sujet note son identité, son âge, sa profession.

• 3 feuilles de papier blanches et identiques.

2. Passation

Le testeur énonce la consigne du dessin d'enfance : « est-ce que vous vous souvenez du dessin que vous faisiez le plus souvent quand vous étiez enfant » ? Au bout de 2 minutes, il énonce la consigne du dessin des mains : « dessinez autant de mains que vous voulez, dans la position que vous voulez ». Au bout de deux minutes, il énonce la consigne du dessin de la main qui gêne : « dessinez la main qui gêne, la main qui dérange ». En cas de questions durant la passation, le testeur répond : « comme vous voulez » ou bien « ce n'est pas la valeur esthétique qui est importante ».

Au bout de deux minutes, le testeur passe à l'enquête et demande aux sujets de reprendre une par une chaque feuille et de les annoter C, H, D avec à chaque fois l'orientation haut/bas et droite/gauche. Puis, le sujet écrit, *au crayon noir* et au dos de chaque feuille, les commentaires correspondants et les réponses aux questions :

Dessin d'enfance **C** : âge ? (période) où ? Avec qui ? Que s'est-il passé à l'époque ? Ou bien souvenirs associés à cette tranche d'âge ? Quelle classe d'école ? Quels adultes associés ? Quels enfants associés ?

Dessin des mains **H** : que font ces mains ? À qui appartiennent-elles ?

Dessin de la main qui gêne **D** : que fait cette main ? À qui appartient-elle?

Le testeur ramasse ou non les trois feuilles rangées dans leur dossier respectif. La passation dure entre 12 et 15 minutes : pour chaque item, 2 minutes pour le dessin et 2 minutes pour l'enquête.

3. Indications

Formation au Davido-CHaD des professionnels de santé : le testeur *ne doit en aucun cas ramasser les dossiers*. Il n'est pas là pour connaître l'intime de ses élèves ! En ayant eux-mêmes passé le test, ceux-ci comprennent mieux sa finalité et l'importance de certains détails.

Recrutement professionnel : le testeur ramasse les dossiers, sans faire de remarques s'il manque un ou des dessins et/ou un commentaire. Il doit juste vérifier si l'identité est bien inscrite sur chacun des dossiers.

Dépistage de la maltraitance et autres problèmes psychologiques chez les enfants dès la maternelle.

VIII. Etudes de cas

Il est indispensable de reprendre certains cas « historiques » car ce sont eux qui *ont permis de structurer le test en apportant un argument ou une idée majeure*. C'est grâce à ces cas malheureux que le test est devenu le Davido-CHaD c'est-à-dire un test projectif qui permet de *détecter* l'origine de perturbations psychiques parfois très anciennes et de les rapporter à leur véritable cause, le plus souvent extérieure au sujet.

Nous avons vu que les types de dessins, les types de comportement du sujet durant la passation et durant l'enquête, la démarche interprétative peuvent se regrouper en grands thèmes comme la maltraitance, l'abus sexuel, la violence, la capacité à tuer etc.. En voici des exemples et nous détaillerons des cas plus particuliers comme celui d'un ex-terroriste, celui d'un pédophile serial-killer et ceux de deux immigrées.

1. Détection des idées suicidaires

Laurent, 11 ans

Le cas de Laurent, illustre une situation scolaire « banale », celle d'un enfant qui semble d'intelligence normale mais qui pour son enseignante « n'arrive pas à se concentrer, se montre agité, dispersé, ne tient pas sur sa chaise, n'écoute pas les consignes, ennuie ses camarades, ce qui naturellement perturbe l'attention des autres élèves ». « Laurent bouge tellement… » que son institutrice l'a placé au dernier rang. Outre ces griefs l'enseignante estime que ses résultats scolaires sont très insuffisants et demande notre aide lors d'une réunion de synthèse mensuelle qui rassemble le Réseau d'aides spécialisées qui a ses bureaux au sein de l'école de Laurent.

Laurent est âgé de 10 ans et onze mois, le jour de l'examen. Il est de taille normale, a l'air très sérieux et intimidé de passer un examen psychologique.

En qualité de psychologue scolaire, j'explique à Laurent que je le rencontre à la demande de son institutrice qui le trouve intelligent et ne comprend pas pourquoi il est si dissipé en classe et que cette dernière se plaint, aussi, de ses résultats scolaires. Laurent se montre très coopérant, il cherche un regard encourageant, lors de la passation de l'examen psychologique.

Après lui avoir fait passer le WISC- R dont le QI Global est de 114, nous constatons que deux items sont légèrement un peu en dessous de la moyenne : à l'épreuve verbale c'est l'Arithmétique qui est en dessous de la médiane, tout comme les Cubes, en Performance. Tout au long de la passation, Laurent se montre appliqué et impliqué, soucieux de bien faire.

Rassurée sur ses performances intellectuelles, comme je le sens « tendu » à l'idée de ne pas avoir réussi, je le tranquillise et lui fais passer le Davido-CHaD, pour lui permettre de communiquer, avec ou sans paroles…

Laurent se montre très coopérant et je mets à sa disposition des feuilles blanches, des feutres, des crayons de couleur et un crayon noir.

Passation du Davido-CHAD

<u>Dessin d'enfance **C** :</u>

La consigne semble apaiser Laurent qui exécute sans temps de latence son dessin, il parait même un peu soulagé… de se sentir plus libre que lors de la passation du WISC R, où on le sentait attentif et un peu sur la défensive.

Laurent représente quatre personnages fil de fer, aux visages stéréotypés, il a dessiné le visage en premier comme la plupart des enfants, avec un crayon papier, alors qu'il avait à sa disposition des feutres et des crayons de couleur. Chaque visage a des yeux vides : ces deux gros ronds sans pupille ni sourcil sur chaque bonhomme laissent penser que ces yeux ne « voient pas » ; le sourire du trait de la bouche est un simple trait (difficultés affectives et/ou liées à la nourriture de son auteur?), les personnages n'ont pas d'oreilles… (Désir de ne pas entendre?).

FIG 029

Laurent 10 ans 11 mois, dessin d'enfance C 1

Puis Laurent demande une autre feuille pour dessiner « son second » dessin d'enfance, alors que la consigne convie le sujet à ne dessiner qu'un seul dessin : « … LE dessin que l'auteur faisait le plus souvent quand il était plus petit … ».

Voyant sans doute mon air surpris par cette demande inhabituelle (faire un autre dessin d'enfance sur une autre feuille), que je n'ai rencontrée qu'en Service de Psychiatrie Fermé pour adultes… Laurent, comme pour s'excuser, me dit « le premier dessin j'avais 3 /4 ans et pour celui-là entre 4 et 6 ans, je regardais « Supercopter » à la télé. Maintenant, je n'ai plus le droit. Maman me l'interdit… ».

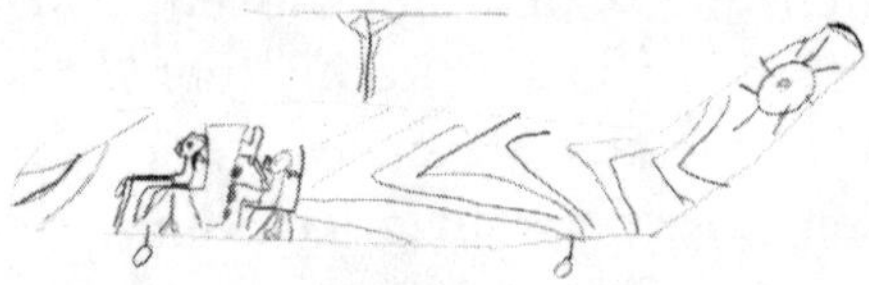

FIG 030

Laurent 10 ans 11 mois, dessin d'enfance C 2

Si le premier dessin (C1) se situait dans la zone inférieure de la feuille, le second dessin d'enfance (C2) est placé dans sa partie supérieure, toujours au crayon-papier. Il s'agit d'un hélicoptère, très détaillé où l'on distingue dans la carlingue, deux personnages de profil assis l'un derrière l'autre : il y a un personnage « aux manettes » et devant lui sur un autre siège, de profil aussi, une silhouette qui pourrait être féminine, car on remarque la présence de cheveux un peu longs. Les personnages sont beaucoup plus élaborés que dans le premier dessin : ils sont en partie figurés avec des traits doubles, qui ne nous renvoient plus à l'extrême pauvreté du personnage « fil de fer » du premier dessin.

Dessin des mains **H**

Laurent entend bien la consigne et se montre toujours aussi coopérant, dessine une main et l'avant-bras. La main est de petite taille, avec cinq doigts bien déliés, munis d'ongles. Cette main ouverte recouvre une forme ovale qui pourrait ressembler à un visage ou une tête ? On retrouve, au sommet de cette forme, quelques traits pouvant rappeler « les cheveux des bonshommes, fils de fer du premier dessin d'enfance »

FIG 031

Laurent 10 ans 11 mois, dessin des mains H1

Une inscription, en lettres d'imprimerie, est visible sur la partie supérieure de ce rond : « SPLADING » et spontanément Laurent ajoute, très content de lui : « c'est en anglais ». Une enseignante d'une autre classe, initie les enfants de sa classe aux langues étrangères.

Puis, Laurent demande, tout aussi inhabituellement, une autre feuille pour dessiner des mains, « quand je suis calme, elles sont posées sur la table ». C'est, peut-être, une bonne image de lui que cherche à donner Laurent… Il peut aussi être « calme » ?

FIG 032

Laurent 10 ans 11 mois, dessin des mains H 2

Sur cette deuxième feuille, Laurent représente deux mains de grande taille, les doigts écartés comme sur le dessin précédent, mais cette fois, les mains n'ont pas d'ongles et les poignets sont bizarrement reliés entre eux (menottes ?) Laurent semble se justifier, une fois encore en disant : « c'est le toucher des aveugles ».

Lors de cette deuxième consigne, Laurent a trouvé un lieu où il a envie de « montrer » toutes les facettes de sa personnalité et donc peut-être de se rassurer? C'est comme si chaque fois qu'il répondait à une consigne d'emblée, sans temps de latence, une autre association s'imposait à lui. Dans un premier temps, il répond spontanément à la consigne et ne semble pas s'investir, dans un deuxième temps, le dessin fait en double semble se préciser et signifie-t-il un désir de se livrer, un peu plus ?

Par ce non-respect des consignes, (UNE consigne, UNE seule feuille), Laurent semble accréditer son instabilité et son incapacité à se limiter aux consignes du test et nous renvoie à la description de l'enseignante qui le décrit comme « dispersé »…

Dessin de la main qui gêne D :

Sans aucun temps de latence, Laurent contourne sa main et ne parait pas embarrassé par la consigne. Il ajoute : « c'est ma main gauche, je suis droitier… je prends mon couteau dans la droite et la fourchette à gauche » D1

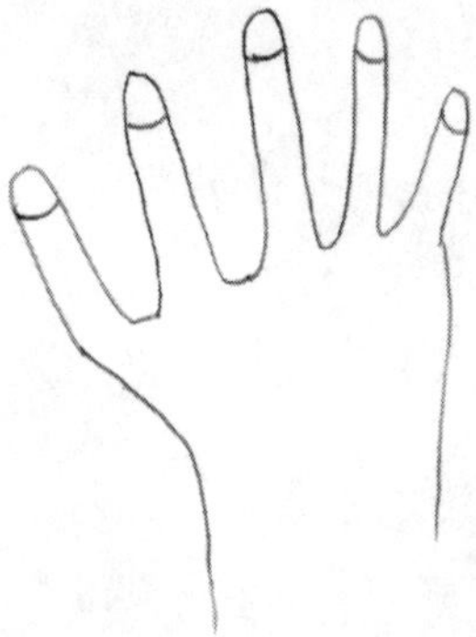

FIG 033

Laurent 10 ans 11 mois, dessin de la main qui gêne D 1

Puis, comme pour les autres items, il demande une deuxième feuille et dessine une petite main accompagnée d'un bras, sur la partie droite médiane de la feuille, il ajoute : « c'est une main qui pousse une balançoire, on voit le pouce... ».

FIG 034

Laurent 10 ans 11 mois, dessin de la main qui gêne D 2

On note, ici, encore ce besoin de se « justifier » et de commenter chaque dessin, comme s'il recherchait une approbation et des encouragements à chaque item et/ou s'assurait que sa réponse n'éveillerait pas trop l'investigation du psychologue… et anticiperait ses questions…

Dessin libre **FD**

Laurent continue de n'utiliser que le crayon noir. Dans le coin supérieur de la feuille, il dessine une minuscule maison stylisée, bancale, genre hutte : on note deux petites fenêtres qui ressemblent à des yeux. C'est une maison anthropomorphe, avec deux traits horizontaux dans la partie inférieure du dessin, comme si la maison avait aussi une bouche et que le toit était un chapeau pointu aux traits horizontaux, parallèles en forme de tuiles :

FIG 035

Laurent 10 ans 11 mois, dessin libre FD 1

Puis Laurent dessine un cheval beaucoup plus grand que la maison, de profil, il tourne le dos à la minuscule maison du coin droit de la feuille, toujours au crayon à papier; les détails sont très bien représentés, bouche, yeux, oreilles, crinière, queue, sabots…

Laurent très investi ne s'exprime plus ici que pour évoquer : « la pluie qui tombe sur le cheval ». Ensuite, Laurent signe son travail d'une signature très mature semblable à une signature d'adulte.

Comme il en a pris l'habitude, Laurent prend une deuxième feuille à sa disposition dessine une voiture d'un autre âge… avec une manivelle qui évoque une panne. La voiture, de profil, se dirige vers la droite, alors que dans le deuxième dessin d'enfance, l'hélicoptère se dirigeait vers la gauche; la voiture n'a que deux vitres (comme les fenêtres de la maison du dessin libre précédent); le conducteur esquissé de profil suit une route bordée d'une rangée d'arbres stylisés. À travers la vitre arrière, on distingue une ébauche de personnage « fil de fer, les bras en croix » installé sur le siège arrière, il semble regarder à travers la vitre avec des yeux formés de deux points noirs qui signifient un regard.

FIG 036

Laurent 10 ans 11 mois, dessin libre FD 2

Enquête

Les quatre dessins exécutés, on demande à l'enfant de parler de chaque dessin et de raconter ce qu'il a voulu dire et/ou montrer. Il est nécessaire de rassurer les enfants en expliquant que c'est une discussion qui reste *entre nous et* qui restera confidentielle s'il le désire, que le but est de l'aider et de ne pas le mettre en difficulté. S'il n'a pas envie de parler, il peut dessiner et /ou écrire. On tranquillise l'enfant en lui assurant qu'il assistera à l'entretien avec ses parents, mais qu'il continuera à dessiner, comme s'il ne s'intéressait pas à nos échanges… Ainsi l'enfant est apaisé à l'idée de pouvoir entendre, lui aussi…la version de ses parents.

Dessin d'enfance (C1) :

« Quand j'avais 3 ou 4 ans, j'étais à la maternelle. Il y avait la classe et… aussi une monitrice … On avait des problèmes, ma mère faisait de l'asthme et des crises de nerfs. Je ne pouvais pas manger avec elle, on me mettait à part parce que je criais. Quand papa téléphonait, elle lui criait dessus, chaque fois qu'il devait me prendre, ce n'est pas « ça » un père, il ne voulait pas me prendre. Elle était fatiguée quand elle rentrait du travail *et me criait* dès que je voulais lui parler.»

Ce commentaire nous renvoie directement aux quatre dessins fil de fer, où les détails des visages (yeux et bouches) peuvent, ici, évoquer aussi des problèmes d'anorexie liés aux moments où Laurent « ne pouvait pas manger avec elle… ». Les commentaires de Laurent sont cohérents avec l'absence de couleurs, l'exécution stéréotypée et bâclée des personnages ce qui souligne bien la détresse affective de ce petit garçon séparé de sa mère, par une monitrice… sous prétexte qu'il criait trop fort... Il est aussi question des « cris » de la mère (bouches), lorsque son père ne voulait pas le prendre.

Ce premier dessin d'enfance (C1) évoque le désarroi de Laurent entre 3 et 4 ans, âge auquel sa mère faisait de fréquents séjours en maison de repos…

Dessin d'enfance (C2)

L'hélicoptère : « Là c'était un peu plus calme, mes parents *se grondaient* un peu : ce n'est pas ma mère qui voulait pas de moi, mon père ne voulait plus que je le revoie… Il y avait X. (prénom masculin), maman ne voulait pas faire de peine à papa… j'avais réfléchi la nuit que c'était bien ce que faisait maman ». « Entre 4 et 6 ans, je regardais Supercopter, maintenant j'ai plus le droit. »

Dans ce désir de dessiner deux dessins d'enfance, il semble y avoir la nécessité de décrire deux temps forts de ces moments où il était plus petit, un temps pour *les cris*, vers 3-4 ans et un temps plus *calme*, entre 4 et 6 ans. Ces dessins tous deux en noir et blanc soulignent une fois encore le vide affectif de cet enfant. En revanche la qualité graphique du dessin traduit une évolution rapide de sa maturité. Car le dessin de l'hélicoptère évoque un vrai hélicoptère même si… on ne voit pas où il vole. Les traits hachurés décrivent l'état d'anxiété de Laurent. Ce deuxième dessin d'enfance (C2) permet à Laurent d'exprimer le désarroi et la culpabilité ressentis lors de ces périodes troublées de son enfance où il devait « réfléchir » la nuit aux situations conflictuelles entre des adultes ce qui altérait probablement la qualité de son sommeil : lorsque l'on consulte les appréciations des maîtres qui se sont succédés, tous avaient noté le comportement d'instabilité psychomotrice de Laurent qui a « toujours » été un enfant remuant. Mais cette année, son comportement a été jugé comme ingérable et incompatible avec une classe surchargée que l'institutrice tenait à préparer au mieux pour le collège, à la rentrée prochaine. Ce second dessin (C2) est marqué par la présence de traits hachurés qui reflètent l'anxiété contenue de Laurent.

Il est très inhabituel qu'un enfant ressente la nécessité de représenter deux dessins d'enfance et particulièrement sur deux feuilles différentes. Comme si chaque dessin montrait l'évolution de Laurent, un temps où il subit en dessinant des personnages démunis et un autre temps où il a tenté de mieux comprendre sa situation familiale et de prendre de la hauteur en dessinant cet hélicoptère, en vol. Les personnages, fil de fer, étaient eux dans la partie inférieure de la feuille…Il arrive qu'un enfant ait plusieurs « dessins d'enfance » qui lui viennent à l'esprit, mais il en choisit un seul… Quand un enfant manque d'assurance, il est tenté de demander s'il a bien compris la consigne.

Dessin des mains :

(H1) : Cette main est de petite taille et est prolongée par l'avant- bras… « C'est une main qui tape »; je demande à Laurent de préciser… réponse : « un ballon »… puis il ne dit plus rien et prend une autre feuille, sur laquelle il représente H2…

(H2) : Ce sont…« Des mains posées sur la table ou bien elles touchent le mur, comme les aveugles. »

Lors de cet item, on note qu'il peut y avoir un problème de violence, suggéré, par une main qui tape… un ballon…

Dessin de la main qui gêne :

(D1) : C'est « sa » propre main gauche ; elle lui appartient et il se justifie d'une manière banale puisque c'est sa main gauche qu'il a copiée. C'est une situation banale chez les enfants tout-venant qui essaient de justifier, d'expliquer une main qui les gêne. On note cependant une particularité moins banale car cette main est associée au commentaire « au moment du repas ».

(D2) : mais sur le deuxième feuille, la main qui gêne ne lui appartient pas : c'est une main de taille semblable au dessin de la main H1 qui « tape »… un ballon et ici qui « pousse » une balançoire et le pouce dépasse »…

Lors de l'enquête, Laurent ajoute, c'est la main de ma mère qui « me met une claque »… Et le recoupement se fait rapidement avec le terme « splading » du dessin des mains, car c'est, sans doute, « slaping » que voulait écrire Laurent : en anglais, slaping signifie mettre une gifle (*slapping*).

On peut donc penser que la mère de Laurent est violente verbalement et physiquement. C'est la seconde fois que le qualitatif qui décrit la main reflète un geste, agit d'une manière violente et/ou agressive :… Tape… et/ou pousse…

Dessin libre :

• FD1 : Comme si Laurent avait commencé à trop parler et pouvait se montrer coupable d'évoquer l'agressivité de sa mère, il profite de la sonnerie de la récréation, pour demander de rejoindre sa classe. Il ne tient pas à parler de ses deux dessins libres…

• FD2 : Le cheval, seul, éloigné de la maison, sous la pluie, appuie encore plus la solitude et la maturité de cet enfant qui doit, sans doute, se débrouiller tout seul.

Comme l'enquête n'était pas terminée, je pensais revoir Laurent très vite et demander aux parents de venir à l'école afin d'évoquer le désarroi de leur fils et de les rassurer sur ses capacités intellectuelles. Mais la maman de Laurent a mis un terme à cette proposition. Elle préfère, rencontrer des « gens » hors de l'école…

Quelques jours après, je passais devant la classe de Laurent qui jouxtait mon bureau. Laurent est sorti et a demandé à revenir pour me parler de ses dessins. Sans que j'ai eu le temps de les lui montrer, il m'a dit : « tu sais, quand j'ai dessiné des mains au repos posées sur la table, c'était pour faire croire que j'étais calme ; ce sont des mains d'aveugle sur le mur, il cherche son chemin. Comme je ne disais rien, Laurent ajoute : elles cramponnent le balcon…mais si je sautais ma mère crierait encore plus »… . Et Laurent se précipite dans sa classe d'anglais.

DIAGNOSTIC

Ce cas a plusieurs caractéristiques ; celles-ci sont dominées par un rapport à la mort et un comportement particulier celui de la nécessité pour Laurent de faire deux dessins pour chaque consigne.

Le rapport à la mort, à la fois fonctionnel et graphique, est important. Il est :

• fonctionnel car Laurent n'utilise *aucune* couleur pour le dessin d'enfance, comme s'il n'y avait plus de vie. Mais, ce qui est très paradoxal, Laurent étend son comportement à *tous* les dessins.

• graphique : *tous* les personnages représentés sont des « personnages fil de fer» ; c'est-à-dire stylisés sans volume ni épaisseur, dénaturés, non existentiels bien que capables d'actions (pilotage d'hélicoptère, voiture). Dans le C1, le regard est vide, le visage inexpressif. L'aspect souriant de la bouche contraste avec le vide des têtes : est-ce l'imagerie du manque de nourriture de Laurent pendant sa petite enfance? Ce qui est frappant c'est que ces grandes bouches souriantes ne modifient pas l'aspect figé des personnages et rappellent celui des personnes indifférentes voulant paraitre aimables. Laurent est-t-il indifférent ou fait-il l'indifférent : découragé de ne recevoir aucune aide pratique, rejette-t-il tout en bloc ne voulant rien montrer de sa détresse?

L'état dépressif est très franc chez Laurent : il est évident dans le premier dessin d'enfance. Ces faces toutes semblables sans regard et pauvres graphiquement traduisent la dépression. C'est comme si Laurent disait « qu'il ne voit rien, n'entend rien, ne parle pas ». Si pour la sagesse asiatique c'est le symbole du bonheur des trois singes muets, sourds et aveugles, pour Laurent, c'est le signe de la détresse: outre le rapport à la mort de ses personnages fil de fer, on note que les mains sont « posées à plat » connotées de commentaires de type suicidaire. Cette dignité à cacher sa douleur est assez explicite dans le fait d' « avoir besoin » de dessiner pour chaque item deux dessins.

Nécessité de deux dessins pour chaque item : Normalement, le sujet tout venant dessine un dessin par item. Laurent ne dessine pas au hasard, il a une « méthode », celle de faire à chaque fois deux dessins, rien de moins, rien de plus. Dessiner plusieurs dessins pour un seul item, évoque l'incapacité à se limiter et donc pose la question de *l'hypothèse psychotique.* Mais dans le cas de Laurent, on note un certain ordre : deux dessins par item, chacun sur une feuille différente et cette duplication est très particulière. En effet, quand un dessin est plutôt «personnel », l'autre est « banalisé », un peu comme si Laurent « balançait » entre en dire trop et pas assez.

Ce « *balancement* » systématique est malgré tout sans rigidité et attire l'attention sur le caractère un peu hétéroclite de certains dessins : dans le C2, on ne sait pas trop où vole l'hélicoptère et dans le FD 2, le grand cheval ne semble pas sortir de la minuscule hutte.

Malgré ces bizarreries, rien ne corrobore vraiment l'hypothèse d'une maladie mentale. En effet :

• les temps de latence, globalement, sont dans la norme, de type variable et sans extrêmes, même en tenant compte de la duplication.

• chacun des deux dessins occupe seulement une partie de la feuille, non la feuille toute entière, le « thème » est précis, il n'y a aucune superposition ni enchevêtrement, le graphisme est très lisible, réaliste.

• Laurent ne revient pas sur ce qu'il a fait: le doublement des traits évoque banalement l'anxiété et non les traits des psychotiques.

• Laurent s'exprime peu pendant la passation, pas de logorrhées et la cohérence est très franche entre ce qu'évoquent les dessins et les dires de Laurent lors des commentaires.

Autres caractéristiques

L*e repli sur soi-même est masqué.* On retrouve le balancement entre un ensemble de mains larges, ouvertes vers l'extérieur, conviviales aux doigts non serrés et aux poignets largement ouverts mais dès que Laurent « entre en action » dans son item, tout se rabougrit, les doigts se serrent, la maison est minuscule.

Il y a une nette maturité ou une rigidité de la pensée : Laurent a des difficultés à régresse*r.* Comme il s'agit de la consigne du « dessin d'enfance » où l'on demande à l'enfant de « se souvenir du dessin qu'il faisait le plus souvent, quand il était plus petit », la régression dans C1 pourrait, a priori ressembler à une situation « normale » si les personnages ne dégageaient pas une telle dysphorie : le « bonhomme fil de fer d'un très jeune enfant » est plus sommaire et les éléments du visage présentent souvent une bouche, comme un trait, mais pas avec cette sorte de sourire figé et narquois. Si on regarde rapidement ces personnages, cela ressemble à un dessin d'enfant… plus jeune, mais la manière rapide de l'ébauche des quatre personnages (C1) s'apparente plus à un dessin « caricatural », d'un dessin d'enfant de 10 ans qu'à un dessin exécuté, ici, à l'âge de 3 et/ ou 4 ans indiqué par Laurent. En effet, l'âge attribué aux dessins d'enfance est très « fidèle » à la date de situations traumatiques que l'enfant a pu subir. Ce premier dessin d'enfance est donc LE dessin d'enfance car Laurent *le date* et donc date le début de son traumatisme « ressenti ». Comme les souvenirs de la petite enfance sont généralement très rares avant l'âge de trois ans, on peut penser que Laurent n'a jamais connu que les conflits familiaux, une mère malade dont il était plus ou moins séparé. Ce premier dessin d'enfance est très proche du type « dessin d'enfance reconstruit » et atteste de difficultés de Laurent d'avoir accès à son imaginaire.

Il y a de fortes carences affectives et un sentiment de maltraitance : Laurent a souffert d'une séparation maternelle (au moins pour la nourriture), n'a plus le droit au « Supercopter ». Mais surtout, l'action des mains est une action à mots-clés: elles tapent… sur un ballon (ou plutôt une tête d'enfant ?), elles poussent… avec le pouce ! Bien que Laurent soit obligé « de réfléchir la nuit à la situation conjugale de ses parents », l'image maternelle est rare et toujours violente et l'image paternelle mièvre dans les dessins (vague soleil) et est absente des commentaires. Il n'y a pas d'autres personnes «de substitution».

Il y a une forte anxiété comme en attestent les traits hachurés. Mais celle-ci n'empêche pas Laurent d'être ouvert sur le monde et de s'intéresser à l'anglais et aux hélicoptères.

Remarques

Les dessins et les commentaires de Laurent sont cohérents et confirment sa détresse, très seul depuis au moins l'âge de trois ans, sans repères, sans aide parentale (images très médiocres ou quasi absentes). Cette situation est probablement la source de son état dépressif et d'une évocation d'idées suicidaires. En effet, il n'y a pas de caractères psychotiques et il n'y a pas non plus d'arguments pour une maltraitance d'ordre sexuel : aucune régression inversée entre les dessins C et FD.

Cet enfant de 10 ans semble n'avoir connu que la solitude. Son besoin de bouger sans arrêt, noté en classe, n'est que le reflet de la recherche de ses propres limites, de sa recherche d'une image parentale positive : il teste les limites des autres pour se trouver les siennes.

On peut se poser la question d'une *manipulation* par Laurent : la duplication des dessins (imagerie du manque de limites) mais utilisée de façon assez ordonnée et associée à chaque fois à une demande de jugement par le testeur, laissent penser que Laurent cherche des repères mais aussi qu'il cherche à mettre le testeur de son côté. Généralement, lors de cette « passation », le clinicien ne doit pas chercher à se montrer trop intéressé et impliqué, par l'élaboration du déroulement de la séance. Il doit seulement se montrer bienveillant, encourageant, si le sujet pose des questions et/ou semble inquiet, voire embarrassé par une consigne : le psychologue, alors cherche à le rassurer de la manière la plus neutre possible afin que l'atmosphère se révèle la plus détendue possible et que celui qui passe le test ne se sente ni observé ni jugé… afin de ne pas déformer ni parasiter ni interrompre les processus inconscients liés à l'élaboration des dessins. Dans le cas de Laurent, la manipulation est la conséquence de son état de détresse et non la cause.

Ce comportement, joint au fait que Laurent a le sentiment de « responsabilité » dans l'aggravation de l'état de sa mère, s'il sautait du balcon, montre qu'il est plus mature que son âge réel, que, même s'il utilise le « balancement », le tâtonnement « comme les aveugles » pour le faire, il se construit malgré tout positivement. Cela me semble pertinent car ce comportement de va et vient a été très marqué, très puissant dans l'*après-coup* : c'est un peu comme si Laurent avait « réfléchi » comme pour les problèmes de ses parents et était revenu me voir pour me dire « tu vois que je suis fort… Et que je ne suis pas un personnage fantoche ».

Conclusion

Quand la vie s'est chargée de rendre un enfant plus mature que son âge, cet enfant peut se montrer capable d'occulter sciemment des éléments, tous les éléments qui pourraient éveiller notre curiosité et nous faire minimiser le risque létal.

2. Cas historique d'abus sexuel[4,9].

Elsa, 6 ans

Ce cas est historique car il a apporté, à la construction du Davido- CHaD, le concept de régression inversée, pathognomonique d'abus sexuel, a décidé de la place à donner à la consigne du dessin libre FD et à montrer que les réponses aux questions fondamentales pouvaient ne pas être verbalisées mais… dessinées

Elsa a 6 ans, elle aurait dû passer l'année précédente à la grande école, mais elle a été maintenue en grande section de maternelle parce qu'elle ne parlait pas, ne dessinait que des gribouillis et avait un comportement bizarre aux yeux de ses enseignantes successives. Elsa était entrée à l'école à 3 ans et c'est comme si pendant toutes ces années, il n'y avait eu chez cette fillette, aucune évolution du développement intellectuel.

C'est une enfant de taille normale qui parait un peu hébétée et ingrate. Bien que faisant encore bébé par certains aspects, elle a un petit côté « bonne femme », elle porte une minijupe et un chemisier en dentelle.

L'école s'inquiète des carences de développement de cet enfant et envisage de la placer en institution pour déficients intellectuels. On me demande donc, pour la première fois mon avis.

Le dessin libre FD

Comme je sais que Elsa ne parle pas et ne veut pas parler (l'examen des yeux et des oreilles est normal), je lui propose de dessiner tout simplement. Elsa gribouille comme un très jeune enfant, elle semble prendre plaisir à gribouiller, ce qui ne correspond naturellement pas à un dessin de son âge :

FIG 037

Elsa 6 ans, dessin libre FD

À tout hasard, je lui propose de dessiner le dessin « qu'elle faisait le plus souvent quand elle était plus petite ».

Le dessin d'enfance C :

Sans temps de latence, Elsa dessine deux personnages féminins d'assez petite taille, avec des cheveux longs, vêtus de robes. Le premier personnage (le plus grand et le plus volumineux) apparu est celui de gauche, c'est un dessin décalé vers la gauche, on peut noter qu'il y a un vide entre la tête et le cou. Quant au personnage à droite, il est symétriquement penché de l'autre côté. Ces deux personnages revêtent un aspect éthéré.

C'est avec une grande dextérité qu'Elsa a exécuté son dessin, comme si elle n'attendait que cette consigne pour exécuter autre chose que ses sempiternels gribouillis. On distingue un gribouillis sur le corps à droite et des traits sur le corps à gauche.

FIG 038

Elsa 6 ans, dessin d'enfance C

Ces deux dessins FD et C. montrent une *régression inversée : le dessin qu'Elsa faisait à 3 ans… est plus évolué que celui qu'elle fait à 6 ans. À 3 ans, elle avait encore « un corps », aujourd'hui, son corps est nié, c'est un magma de gribouillis.)*

Le dessin des mains H

Il n'y a pas non plus de temps de latence. Il s'agit d'une main de très grande taille qui a un pouce perpendiculaire aux doigts. C'est une main totalement recouverte de gribouillis noirâtres, l'ongle du pouce est colorié en rouge. À droite, on note un gribouillis au crayon à bille. Il se dégage un grand dynamisme de cette main, les traits gribouillés, longitudinaux accentuant cette impression de mouvement.

FIG 039

Elsa 6 ans, le dessin des mains H

Le dessin de la main qui gêne D

C'est encore une main de grande taille, avec les doigts tronqués, le pouce est toujours posé à la perpendiculaire. On note la présence d'un estompage gris sur le pouce et une ligne incurvée dans le sens longitudinal de la main.

À l'intérieur de la main on distingue un embryon de personnage féminin et un autre embryon juste en dessous. À ce moment-là, Elsa s'est emparée de la clef de mon bureau qui traînait sur la table et a calqué cette clef à droite de la main puis signe son dessin de fac-simile de lettres.

FIG 040

Elsa 6 ans, main qui gêne D

Enquête

Le dessin d'enfance C :

Elsa parle et dit qu'elle avait trois ans… Alors que jusqu'alors il n'avait pas été possible d'entendre le son de sa voix. Elsa dit que c'est sa mère et elle. Ce qui est encore plus impressionnant, c'était *l'intensité de son regard* quand elle répondait aux questions. J'avais l'impression qu'Elsa avait enfin trouvé un lieu pour être une petite fille de son âge, au développement « normal », plutôt qu'une petite fille considérée comme souffrant d'un handicap intellectuel.

Le dessin des mains H : Elsa dit que c'est sa main.

Le dessin de la main qui gêne D : une fois encore, la consigne est comprise d'emblée. Elsa dit que c'est une main-forteresse, avec une porte et une dame qui veut forcer la porte. Elsa dit qu'elle a une clef et elle me montre celle du dessin, elle se lève et me demande, dans la foulée, de lui apprendre comment on ferme une porte à clef.

Remarques

On est frappé par le fait que cette petite fille qui n'ouvrait pas la bouche, qui gribouillait, qui avait un comportement régressif, a su, en une dizaine de minutes, exécuté trois dessins (des dessins des mains très évolués) et qu'elle ait pu progresser intellectuellement à cette vitesse. Que de chemin parcouru entre le dessin libre régressif au possible et le dessin d'enfance évolué. C'est à un processus inverse que je pensais assister. J'avais à partir de ce moment-là moi aussi la clef pour découvrir cette énigme. Si le dessin, est bien une projection de la représentation du corps, il semblait que les gribouillis pouvaient nier en quelque sorte cette image de soi, puisque lorsque cette fillette avait trois ans, l'image de son corps et de sa mère était encore intacte. La main noircie du dessin des mains H, dégage une certaine anxiété. L'histoire que raconte Elsa au sujet de la main qui gêne D et le commentaire montrent qu'Elsa ressent un sentiment d'intrusion, elle veut se protéger en apprenant à fermer la porte à clef pour se protéger de la dame *(qui veut forcer la porte)*. On est surpris par la qualité du dessin et la description argumentée et précise de cette main-forteresse. Il devait donc s'agir d'un problème lié au corps.

Et je commençais à demander à Elsa de se dessiner. Elsa dessine un visage ovale de très grande taille avec un crayon noir, elle prend un feutre marron et représente des yeux avec des cils, dont un sans pupille, un nez et une bouche réduite à un grand trait horizontal. On peut noter que le visage par endroit est gribouillé en jaune. Elsa signe son dessin au crayon bille bleu

FIG 041

Elsa 6 ans, dessine-toi

Je réitère ma question et pense qu'Elsa n'a peut-être pas bien compris la consigne, je lui demande de se dessiner « entière » avec son corps. Elsa prend une autre feuille de papier, elle s'empare du feutre marron, à nouveau et dessine ou plutôt gribouille de marron une forme indifférenciée à gauche de la feuille et à droite, un carré au périmètre marron et vide, à l'intérieur, elle écrit en haut son nom.

FIG 042
Dessine-toi en entier

Comme je m'étonne de ne pas reconnaître un personnage sur le dessin, je lui demande de me montrer sur elle, le corps qu'elle a dessiné. Elsa me montre son cou et semble me faire comprendre que son corps s'arrête au cou.

La problématique de cette fillette est bien liée au corps. Je lui demande alors si sa maman est gentille avec elle. Le regard d'Elsa s'intensifie, elle me regarde fixement attendant que je lui parle encore de son père et je lui tends le crayon rouge et lui demande de dessiner où son papa l'embrasse.

À ce moment-là, Elsa redessine sur le trait marron du visage une autre bouche rouge qui épouse parfaitement la première, puis elle dessine une bouche et sur le carré blanc de l'autre feuille qui symbolise son corps, une moustache et des yeux, toujours avec le crayon rouge. Presque sans parole, nous avons trouvé un moyen intense de communiquer et Elsa a su se livrer et livrer l'image souillée de son corps. La mère confirmera bien que c'est à l'âge de 3 ans que sa fille a été abusée par son père et elle raconte les circonstances dans lesquelles cela s'est passé, sous le regard d'Elsa qui dessine un gros poisson avec des piquants et Elsa prend des ciseaux pour le découper.

Nous avons constaté que les enfants et/ou les adultes qui découpaient leurs dessins et/ou les déchiraient et les froissaient montraient l'intrication de relations violentes subies ou assénées.

La mère d'Elsa était très amoureuse de son mari qui l'a quittée à la naissance d'Elsa. C'est quand Elsa a eu trois ans que le mari volage, qui avait fait un enfant (un garçon) à une autre femme, réintègre le foyer conjugal. Et la mère d'Elsa me pose la question de savoir s'il est possible que son mari ait pu faire la même chose avec le petit garçon qu'il avait eu pendant leur séparation…

Plus tard, j'appris qu'Elsa suivait une psychothérapie et je demandais à parler à son psychothérapeute : je lui demandais ce qu'il pensait des relations filiales dans cette famille, il me répondit que « la mère était fruste… ». Alors je posais la question autrement en lui parlant « d'abus sexuels », il me répondit : « il faut que j'en avertisse l'équipe, nous n'avons rien remarqué… »

En très peu de temps, une petite fille a pu se libérer et exprimer ses difficultés, une thérapie familiale a été conseillée et espérons-le, sera poursuivie, car la mère a changé sa fille d'école.

3. Silence et abus sexuel

Anne 9 ans[3]

Anne est âgée de 9 ans lorsqu'elle se présente à la consultation de Benoît de Prémorel. La fratrie se compose d'une sœur, âgée de 6 ans. Ses parents se sont séparés il y a pratiquement un an. Cette séparation n'aurait pas été précédée de conflits importants, selon Anne, qui dit ne pas avoir assisté à des disputes dans le contexte familial.

---

3. Cas reporté par Benoît de Prémorel, Psychologue Expert près de la Cour d'Appel de Pau

Anne a révélé avoir subi des caresses sexuelles par le conjoint de l'assistante maternelle à qui elle était confiée. On constate dans une déposition du dossier d'instruction, des modalités de réminiscence des faits qui apparaissent très caractéristiques d'un retour du refoulé selon les conceptions psycho-dynamiques de la psychanalyse.

Voici en effet les propos d'Anne, tels qu'ils ont été retranscrits dans sa déposition du dossier d'instruction dont Benoît de Prémorel a eu connaissance :

« Le 7 juillet dernier dans l'après-midi, je me trouvais chez mon papa et j'ai regardé à la télévision une émission qui parlait des mauvais traitements faits aux enfants. Il y avait dans cette émission des images qui montraient des adultes qui se déshabillaient et caressaient des enfants. Les caresses étaient faites sur le sexe des enfants ».

« À la fin de ces images, un commentaire disait : « si on vous fait ça, dîtes le ». Je ne me souviens plus à quelle heure exacte était cette émission, ni sur quelle chaîne, ni si cela a duré longtemps, je crois qu'il y avait ma sœur ».

« En regardant cette émission cela ne m'a rappelé aucun souvenir. Par contre dans la nuit j'ai fait un cauchemar et je revoyais les images de l'émission de télé mais c'était moi qui étais l'enfant caressée et c'était tonton Raymond (le mari de l'assistante maternelle) qui était l'adulte ».

« Cela m'a fait un choc et je me suis réveillée. Je me suis endormie quelques instants plus tard. Le lendemain je me suis réveillée vers 9 heures et n'ai plus repensé à ce cauchemar ».

« Vers midi, je me suis souvenue que tonton Raymond m'avait caressée réellement et que mes souvenirs avaient été réveillés par ce cauchemar. En effet depuis que tonton Raymond m'a fait des caresses, je me rappelais de rien, mais mes souvenirs sont revenus ».

Anne raconte ensuite dans sa déposition que le mari de l'assistante maternelle venait la rejoindre dans la pièce où elle avait l'habitude de jouer sur un ordinateur, qu'il la mettait sur ses genoux et faisait *« la petite bête qui monte et qui descend » ;* il a commencé ses caresses sexuelles de la sorte et les a poursuivies par la suite dans d'autres circonstances.

Les faits d'abus sexuels révélés par Anne ont été reconnus par l'auteur Mr Raymond B.

Anne a précisé qu'elle n'avait pas révélé à l'époque les faits qu'elle subissait, parce que *« sa tatie (l'assistante maternelle) était gentille, qu'elle l'aimait bien et qu'elle avait peur qu'elle perde son boulot »*.

Sa mère a été informée par la suite des abus subis par sa fille et Anne mentionne des dispositions que celle-ci avait prises, en informant notamment son instituteur afin qu'il prenne des précautions lorsqu'il aborderait ces thèmes en classe en présence de sa fille. Anne explique qu'elle avait commencé à oublier à nouveau les faits, mais que lorsque le maître a évoqué les situations d'abus sexuels, *« ça lui a tout rappelé en détail »*.

Anne a présenté ponctuellement des problèmes de vue et elle explique que lorsqu'elle regardait le tableau en classe, elle *« y pensait tellement »* (aux faits) que cela troublait sa vue. Ces troubles de la vue allaient jusqu'à provoquer un état nauséeux et entraîner des vomissements. Elle a eu peur également que sa sœur rencontre les mêmes problèmes : il n'est pas rare de constater que de telles craintes déterminent une sœur aînée à révéler des faits d'abus sexuels subis dans un passé plus ou moins proche, lorsqu'une sœur plus jeune atteint l'âge qu'elle avait elle-même à l'époque où ces faits ont commencé.

Anne a situé le début des attouchements sexuels à 6 ans, ce qui correspond à la période où elle était en classe de CP. On sait que de tels faits sont de nature à perturber les processus cognitifs avec par conséquent un retentissement sur l'efficience intellectuelle, ce qui semble avoir été le cas pour Anne et explique probablement les difficultés qu'elle a rencontrées lors de l'apprentissage de la lecture, malgré de bonnes capacités intellectuelles.

Passation du Davido-CHaD

Dessin d'enfance C

Anne situe son dessin d'enfance en grande section de maternelle, c'est-à-dire juste avant la période où les faits ont eu lieu. Elle précise dans son commentaire qu'à cette période elle *« était contente »,* et ce dessin présente une meilleure tonalité affective que le dessin correspondant à la période actuelle. On se souvient que ses parents se sont séparés par la suite et cet événement s'est donc avéré également perturbant.

FIG 043
Anne 9 ans, dessin d'enfance C

Ce dessin correspond bien à la période où elle était « contente », juste avant les abus sexuels. Nous savons que la datation du dessin d'enfance correspond à un moment charnière de la vie de l'enfant. Le moment juste avant le traumatisme. Mais malgré la volonté d'Anne de montrer un moment joyeux, il se dégage une atmosphère dysphorique : le regard vide du personnage représenté dans le dessin d'enfance se retrouve aussi fréquemment dans les dessins des victimes d'abus sexuels que nous rencontrons, c'est même un signe saillant de dépistage… de toutes les maltraitances faites aux enfants.

Ce personnage est représenté à l'extérieur de la maison, dans laquelle, Anne va trouver refuge *« quand il a vu les nuages arriver »*; ce qui semble faire allusion à une dégradation du contexte environnemental qui est sur le point de polluer la vie de ce personnage, à jamais.

Dessin des mains H :

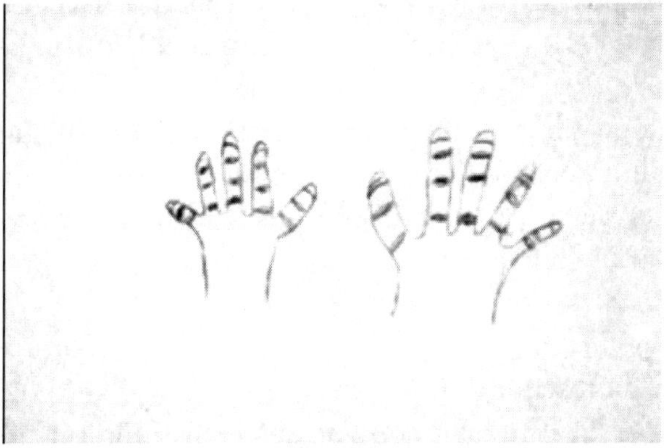

FIG 044

Anne 9 ans, dessin des mains H

Anne dit que ce sont les mains de quelqu'un qui *« attrapent »*, Nous savons que tout ce qui touche, attrape, prend etc… sont les termes révélateurs des enfants abusés sexuellement.

Dessin de la main qui gêne D :

FIG 045

Anne 9 ans, dessin de la main qui gêne D

« C'est la main de mon tonton qui me touche »…

Anne a vécu un traumatisme très grave, d'autant qu'elle n'a jamais pu l'exprimer, elle l'a tellement enfoui, qu'elle n' pu exprimer que des symptômes touchant à ses fonctions cognitives avec difficultés d'apprentissage, troubles de la vision.

Le fait qu'Anne ait pu commenter toutes ces difficultés dans le test, lui a permis de ne plus mettre que des mots dans son histoire et de se projeter dans « ses » images personnelles et uniques pour chaque être humain.

Dessin libre FD

Anne représente un oiseau qui *« va prendre son envol »,* mais on constate qu'il lui manque une aile et si Anne considère que l'oiseau y parviendra, cet optimisme doit être pondéré par le handicap représenté, qui apparait lourd de significations sur le plan symbolique.

FD 046

Anne 9 ans, dessin libre FD

Remarques

Les conclusions de Benoît de Prémorel sont intéressantes, car il a élargi ses examens à d'autres tests. Il a fait passer, à Anne, le C.A.T. et il constate que l'entourage familial et notamment maternel, est perçu comme très bienveillant par le sujet, y compris dans les situations où l'enfant ne se conforme pas aux attentes des parents. On note dans ces récits une bonne maîtrise du cours de la pensée avec un sens logique qui prédomine sur l'imagination.

Les situations anxiogènes sont systématiquement dédramatisées, voire banalisées et Anne s'attache à en minimiser les éventuels effets perturbants. Ce mode de fonctionnement paraît relever de processus défensifs visant à éviter un envahissement du champ de la conscience par des contenus déstabilisants ou difficiles à maîtriser et permettre probablement à Anne de contenir une anxiété sous-jacente importante. On peut sans doute considérer que l'impact de la « loi du silence » qui a précédé ces révélations et qui a conditionné le refoulement et l'oubli des faits, s'avère encore pesant dans l'organisation psychique du sujet.

On ne relève pas de contenus projectifs dans le test du C.A.T. pouvant être mis en relation avec les faits des abus sexuels qu'elle a subis et seuls les dessins et les commentaires d'Anne lors du Davido-CHaD ont livré des contenus qui s'y rapportent.

4. Davido-CHAD et Rorscach dans un cas juridique d'abus sexuel

Justine[4]

Justine est âgée de 14 ans lorsque Benoît de Prémorel la reçoit. Elle est la dernière d'une fratrie de trois enfants comprenant un frère aîné de 22 ans et une sœur âgée de 20 ans. La mère de Justine est institutrice et a eu sa fille dans sa classe lorsque celle-ci était en grande section de maternelle. Elle s'était inquiétée à cette époque auprès de la psychologue scolaire, du comportement de sa fille, mais cette psychologue n'avait alors rien décelé. L'investissement de Justine dans sa scolarité a été laborieux par la suite et son comportement a également posé problème, ce qui semble une conséquence probable des abus sexuels qu'elle

4. Ce cas est rapporté par Benoît de Prémorel, Psychologue Expert près de la Cour d'Appel de Pau.

a subis à l'âge de 5 ans. Julie a révélé en effet avoir subi des caresses sexuelles de la part d'un ouvrier agricole employé par ses parents, attouchements ayant comporté aussi des demandes qu'elle embrasse son sexe.

Elle a précisé par la suite qu'elle regrettait ces révélations, à cause des conséquences que cela entrainait pour elle. C'est à la suite d'une émission de télévision traitant des abus sexuels qu'elle a fait ces révélations. On constate dans les dépositions de Justine que ses souvenirs sont associés à des sensations et font référence à la notion « d'éprouvé corporel » citée dans les critères habituels de crédibilité relatifs à des révélations d'agressions sexuelles. On peut mentionner également dans ce registre une absence de bénéfices secondaires : on apprend notamment par sa mère que Justine entretenait précédemment de très bonnes relations avec l'ouvrier agricole.

Passation du Davido-CHaD

<u>Dessin d'enfance C</u>

D'emblée, Justine dit qu'elle se souvient très bien de son dessin : elle faisait une robe.

FIG 047

Justine 14 ans, dessin d'enfance C

Dessin des mains H :

Pas de temps de latence. Justine demande combien elle doit dessiner de mains, commence par la gauche et va vers la droite.

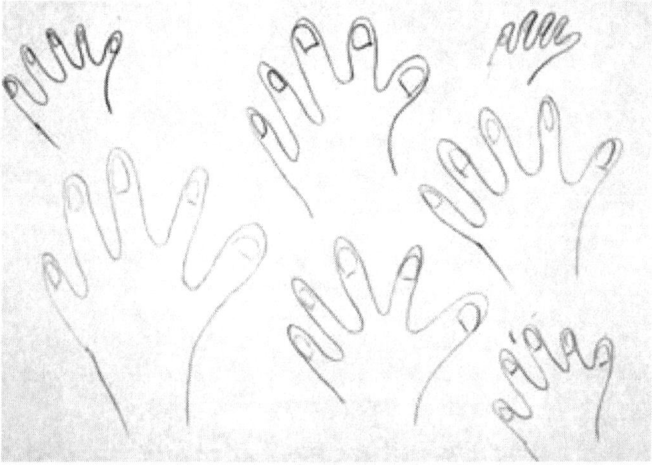

FIG 048

Justine 14 ans, dessin des mains H

Dessin de la main qui Gêne D

Pas de temps de latence.

FIG 049

Justine 14 ans, main qui gêne D

Justine demande à faire un dessin libre FD

FIG 050

Justine 14 ans, dessin libre FD

Enquête

C : j'étais en maternelle, en grande section peut-être… J'avais 4 ou 5 ans, mais je n'aime pas en parler.

H : ces mains m'appartiennent, elles planent, elles volent.

D : quelqu'un et il touche les seins. Justine dit qu'elle ne sait pas à qui cette main appartient.

FD : précise qu'elle fait habituellement ce dessin à l'ordinateur.

Remarques

• On constate dans le Davido-CHaD que l'âge du dessin d'enfance correspond à la période des abus révélés par Justine. Ce dessin représente une fille sans bras et dont le regard vide évoque le ressenti de destruction ou de vide interne déjà mentionnés dans certains cas précédents. Justine précise qu'elle dessinait « une robe » et dans son dessin d'enfance, l'image du corps n'est qu'une représentation fantomatique, ce corps étant absent et désinvesti.

Plusieurs éléments du Davido-CHaD corroborent les propos de Justine, à la fois en ce qui concerne les circonstances dans lesquelles sont survenus les faits, l'âge de leur début et leur impact sur le sujet et sa famille.

On constate notamment dans ces dessins l'expression d'une forte agressivité ainsi que des remarques à caractère dysphoriques lors de la réalisation du dessin de la main qui gêne, qui met en scène une situation d'abus sexuel : une main (difforme) « touchant » un sein et barrée pour signifier l'interdit.

• Dans le Rorschach, on relève également (planche II) des réponses qui traduisent un impact important de contenus de conscience assez inhabituels à cet âge *(« du sang », « une bouche ouverte »)*.

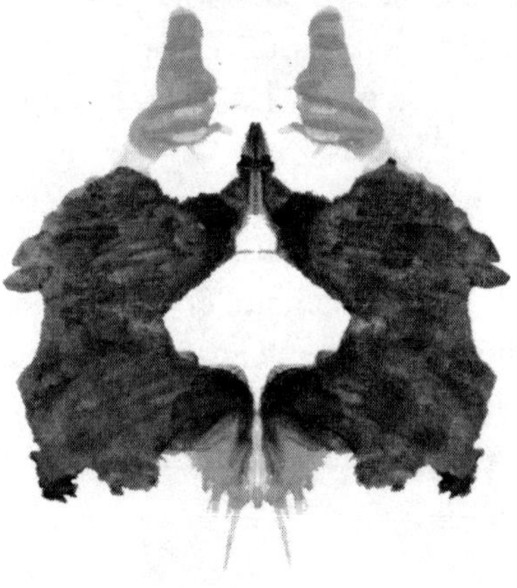

FIG 051
Rorschach, Planche II

On note une sensibilité exacerbée, avec l'expression de résonances impulsives à certaines situations qui expriment aussi une désorganisation de la pensée. On constate dans le Rorschach l'expression d'une affectivité très envahissante et pas toujours bien canalisée, s'exprimant par une forte réactivité affective dans le test.

Si ces caractéristiques traduisent des perturbations, induites plus particulièrement par les planches du test du Rorschach renvoyant aux contenus de conscience d'ordre pulsionnel, la corrélation, avec les éléments recueillis dans le Davido-CHaD se révèle importante et apporte des éléments complémentaires dans l'évaluation pratiquée. Là encore, les éléments obtenus par le Davido-CHaD se révèlent plus directement avec les agressions révélées et concourent à crédibiliser les propos du sujet, en particulier quant à l'âge de la survenue des faits.

5. Cas juridique d'un violeur

Jean-Luc

Jean-Luc est âgé de 48 ans lorsque Madame Dominique Thomas, Expert près de la Cour d'Appel d'Angers [25] est appelée pour l'expertise judiciaire de Jean-Luc, incarcéré pour viol sur mineur de moins de 15 ans.

C'est un homme qui connait de gros problèmes de santé depuis sa jeunesse. Actuellement sa santé est sous haute surveillance. Il est instable professionnellement et il explique cette instabilité par ses problèmes de santé. Jean-Luc évoque un parcours de recherche avec l'église de scientologie qu'il a fréquentée de façon assidue. Il développe un intérêt pour l'ésotérisme, la parapsychologie et la sorcellerie.

Les faits

Il aurait violé sa filleule âgée d'une dizaine d'années, cette dernière est aussi sa nièce, car elle est la fille de son frère. Jean-Luc avoue avoir commis des attouchements sur cette jeune fille, mais il déclare qu'il ne considère pas cela comme un viol.

Madame Thomas fait passer à Jean-Luc, 3 tests, le Davido-CHaD, la figure de Rey ainsi que le test de Zulliger :

La figure de Rey évoque une bonne construction de la pensée, des facultés d'analyse et un niveau intellectuel tout à fait normal. Pendant la passation, le sujet se montre prudent et précautionneux et toujours sur la défensive.

Le test de Zulliger montre un côté très défensif et gêné. De la culpabilité est exprimée dans la description des taches qui le « choquent ».

Le Davido-CHaD :

Dessin d'enfance C :

Jean-Luc met un certain temps avant de commencer. Il tente de se justifier en rajoutant : « j'étais mauvais en dessin quand j'étais enfant mais maintenant j'adore ça ».

Il dessine un paysage avec un arbre, un jardin et de la campagne, l'ensemble est gris, seules quelques feuilles sont vertes.

Remarques : Il s'agit d'un paysage où on ne note aucune régression, c'est un *dessin reconstruit* d'adulte. Comme si tout retour à l'enfance, pouvait laisser entr'apercevoir une « faille » : il faut respecter la perspective… Se montrer invulnérable et parfait. Cette incapacité à régresser est à ce stade du test très en faveur d' une pathologie mentale.

FIG 052

Jean-Luc, 48 ans, dessin d'enfance C

Le dessin des mains H :

De nouveau, Jean-Luc ne dessine pas d'emblée et déclare : « ce n'est pas facile à faire », il prend sa main droite comme modèle. Il dessine l'index pointé en avant… formant un ovale avec le pouce.

Remarques : Le trait est « broussailleux », comme pour le dessin d'enfance. La façon dont les doigts sont représentés évoque un problème d'ordre sexuel. Jean-Luc souffre-t-il d'impuissance ?

Tous les temps de latence invoqués, essaient de masquer la personnalité de l'auteur, qui se retrouve livré à lui-même, tout comme Babeh (cas détaillé plus loin…), il ne sait pas ce qu'il doit faire pour paraître le plus « normal » possible.

FIG 053

Jean-Luc 48 ans, dessin des mains H

Le dessin de la main qui gêne D

« Comment ça une main qui gêne ? », Jean-Luc cherche, regarde ses mains et ajoute : « je ne sais pas comment la dessiner ». Il met un doigt en l'air et dit « un doigt comme ça ». Très gêné, il ajoute d'un air entendu : « ça veut dire pas mal de choses. C'est ma main. »

Remarque :

Pour effectuer la main qui gêne, on retrouve toujours des réticences, des tergiversations qui montrent bien que chaque fois où Jean-Luc doit se mettre en scène, il trouve toujours un prétexte pour tenter de s'esquiver…

Ces trois items soulignent ouvertement les problèmes d'ordre sexuel auxquels il est confronté. De plus, le fait de montrer l'intérieur de la main, la paume parcourue de lignes et de reliefs, nous apprend que Jean-Luc est concerné par la mort, c'est sa « ligne de vie » qu'il représente. Il est possible que sa santé fragile lui renvoie des images liées à la mort.

Dans les cas de sujets accusés d'abus sexuels, l'auteur se rend compte qu'il lui est très difficile de se dérober à ce test psychologique : car celui-ci est centré sur le sujet qui redoute de mettre en scène sa véritable personnalité pour chaque item. Car c'est à lui de parler de sa propre enfance, c'est à lui de parler « des mains »... Et surtout la « main qui gêne » prend une tournure qui le déstabilise encore plus. Il doit dire à qui ces mains appartiennent, ce qu'elles font ?... Autant de dits ou de non-dits, que le psychologue clinicien peut déceler, facilement, par l'attitude du sujet qui est désemparé et/ou au contraire, dans le déni.

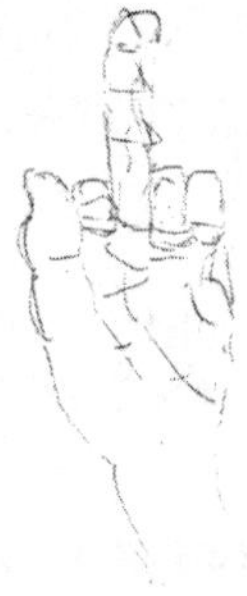

FIG 054
Jean-Luc 48 ans, main qui gêne D

Conclusion pour Jean-Luc

Le Davido-CHaD confirme que Jean-Luc est sans doute intelligent, mais surtout manipulateur. Tous les prétextes sont bons pour ne pas livrer sa personnalité. Mais, à court d'arguments...Il craque et dit... ce que la Justice veut entendre... « Ça veut dire pas mal de choses »

6. Cas juridique d'un abuseur

Mr. C.P., cas du nounours[9].

Mr C.P. est un homme âgé de 49 ans.*[5] Il est professeur de musique, dans une école. Une de ses élèves, adolescente l'accuse d'attouchements. Ce qu'il nie depuis sa mise en examen, et un psychologue judiciaire, Benoît de Prémorel, lui fait passer une expertise.

Rappel des faits

C. P. nie les faits concernant la jeune C D. et pour lesquels il a été mis en examen; il précise d'ailleurs qu'il «*niera toujours*», puisqu'il ne s'est rien passé de répréhensible, selon lui, avec cette jeune fille qui était une de ses élèves.

Il explique que de telles accusations ne sont pas plausibles, compte tenu de plusieurs éléments de réalité, tels que des passages incessants devant la salle de classe, dont la porte restait d'autre part toujours ouverte.

Les accusations portées contre lui par cette élève lui paraissent donc très contestables et il s'est surtout attaché, lors de l'examen psychologique, à décrire la personnalité de C D., qui aurait déjà fait état de ce genre de manifestations de transfert amoureux envers d'autres hommes de son collège, et notamment envers un surveillant.

Il a donc l'impression qu'il y a eu «*machination*» à son encontre de la part d'élèves (garçons) de sa classe et dit en avoir été averti par une élève qui l'avait mis en garde.

Il pense que ces élèves s'étaient ainsi «*montés la tête*» et que les accusations dont il a fait l'objet sont une conséquence de cette dynamique instaurée contre lui.

C. P. exprime aussi le regret que le Proviseur de son établissement scolaire, qui avait été averti au mois de janvier 1997, ne l'ait pas informé à cette date des suspicions dont il faisait l'objet.

---

5. Cas rapporté par Benoît de Prémorel, Psychologue Expert près de la Cour d'Appel de Pau.

Il précise cependant que CD. N'a « *jamais eu un mot ni un geste déplacé* » envers lui et que lui-même a toujours « *pris des gants* »avec elle.

Il dit enfin qu'il est « tombé des nues » lorsqu'il a su quel était le motif de son interpellation par les gendarmes et que celle-ci s'est avérée très déstabilisante pour lui.

C.P. s'est beaucoup exprimé au cours de cette consultation d'examen psychologique en faisant état dans un premier temps des difficultés qu'il avait eues à assumer sa mise en examen ainsi que les conséquences familiales et professionnelles des accusations dont il avait fait l'objet.

Il est le troisième d'une fratrie de 4 enfants, composée d'une sœur ainée, âgée de 56 ans, institutrice à la retraite, qui est divorcée et mère d'une fille de 30ans, d'un frère âgé de 55 ans, qui est marié et a 2 enfants et d'un dernier frère de 46 ans qui est médecin à Antibes et dont la femme est ophtalmologiste ; ils ont également 1 enfant.

Il s'est efforcé également d'expliquer les réactions qu'il avait eues lors des interrogatoires par les gendarmes, en particulier lorsque ces réactions risquaient de lui porter préjudice ou d'être interprétées en sa défaveur. Le père du sujet était gendarme et a été affecté en 1945 à P. dans les Landes comme Officier de Police Judiciaire et, selon CP, était très pris par sa profession et par conséquent assez peu disponible sur le plan familial

Sa mère était au foyer et n'a pas exercé d'activité professionnelle. Ses parents se sont séparés lorsqu'il avait environ 12 ans mais ils seraient restés en bons termes par la suite et le sujet précise qu'ils n'ont d'ailleurs jamais divorcé. Il a cependant le souvenir que sa mère a été « beaucoup plus calme » après la séparation parentale. C'est elle qui a ensuite élevé ses enfants seule, en palliant avec efficacité, selon le sujet, à l'absence de leur père.

C.P. n'a pas le souvenir d'événements marquants lors de son enfance et la séparation parentale n'est pas perçue comme ayant été très perturbante, puisque sa mère était selon lui en mesure de compenser l'absence de leur père.

Il considère par conséquent qu'il a peu connu celui-ci, qui était très pris sur le plan professionnel lorsqu'ils vivaient encore au domicile familial; son éloignement géographique a ensuite limité les possibilités de rencontres.

Il aurait de la sorte relayé son père, qui était déjà absent. Il précise aussi que cette maladie grave l'avait beaucoup marqué, à cette période de son enfance où il a donc craint de perdre sa mère.

On constate dans ces éléments biographiques, un investissement très important vis-à-vis sa mère, investissement dû aux circonstances de la séparation parentale ainsi qu'à l'éloignement géographique ultérieur de son père, et ces caractéristiques ont été de nature à favoriser une fixation de type «œdipien» vis-à-vis d'elle.

Le sujet en perçoit d'ailleurs cette composante, mais qu'il a tendance à réfuter.

On constate parallèlement que les images parentales sont très idéalisées, tant en ce qui concerne son père que sa mère, dont C. P. fait une présentation extrêmement louangeuse, en expliquant qu'ils ont eu «*la chance d'avoir une mère qui est une femme d'exception*», et qui a «*sacrifié sa vie pour leur donner une situation à tous*», que «*c'était remarquable*».

Son père est présenté également de façon très positive, et le sujet précise que sa mère n'a jamais dit de mal de son conjoint.

C.P. a suivi un cursus scolaire ordinaire, puis a fait une école de musique.

Sa première relation sexuelle, il l'a eue à 20 ans, avec une amie de sa mère âgée de 42 ans : ce que sa mère n'a pas apprécié…

Puis il s'est marié à 22 ans avec une femme de 24 ans, leur relation a été brève, car il s'estimait trop jeune pour avoir un enfant… Alors que c'était le désir de sa femme. Ils ont donc divorcé « intelligemment ».

Puis il a eu de nombreuses liaisons simultanées avec des étudiantes, plus jeunes. À l'âge de 37 ans, il a épousé une jeune fille de 23 ans. Ils ont aujourd'hui un garçon âgé de 10 ans.

Bilan de personnalité

Nous avons fait passer à C. P. un test d'évaluation du niveau intellectuel (WAIS-R), ainsi que des tests projectifs de personnalité (RORSCHACH, et), qui Davido-CHaD permettent d'obtenir des indications sur les capacités d'utilisation des ressources intellectuelles, les moyens de contrôle sur les affects et le comportement, ainsi que les caractéristiques de la vie affective et émotionnelle.

Le test d'évaluation du niveau intellectuel révèle un Quotient Intellectuel équivalent à la Moyenne Théorique (X=100). Ce niveau se révèle par conséquent correct, mais il est toutefois en deçà de ce pouvait donner à penser ses très bonnes capacités d'expression lors de l'entretien psychologique.

C. P. a indiqué lors de cet entretien qu'il avait peu investi sa scolarité, qu'il a interrompue pour se consacrer à sa formation au conservatoire, et il considère notamment avoir beaucoup moins de capacités intellectuelles que son jeune frère.

Cette impression alimente aussi chez lui un important manque de confiance en soi.

C. P. s'est montré d'autre part très en difficulté lors de la passation *du test projectif de personnalité*: La non possibilité de maîtriser les contenus de conscience livrés dans ce type de test semble avoir fortement contribué à un tel malaise.

Il est apparu très anxieux de ses performances dans ce test, sans que de telles difficultés ne puissent être justifiées par ses capacités intellectuelles, et alors même que la finalité ne se situait pas dans une évaluation de cet ordre.

Ces difficultés ont entraîné beaucoup d'imprécisions dans les réponses fournies par le sujet, qui sont peu en rapport avec ses capacités intellectuelles effectives.

C. P. s'est montré surtout préoccupé de conserver un contrôle vigilant par rapport au matériel présenté, en ayant tendance à privilégier la fonction logique au détriment des réactions plus spontanées, affectives ou émotionnelles.

Les premières réactions du sujet font état d'une gêne provoquée par les espaces vides, qui sont associés à la notion de «trous», et qui s'avèrent très déstabilisants. On note simultanément un malaise par rapport au regard qui est susceptible d'être porté sur lui, et l'ensemble du test est caractérisé par un constant manque de confiance en soi, associé à des sentiments d'incapacité, voire d'impuissance.

Le contrôle exercé par la fonction logique apparaît d'une manière générale très insuffisante. On constate que les capacités de mobilisation par la fonction logique sont peu efficaces, et sont constamment entravées par un important manque de confiance en soi, même lorsque les réponses du sujet sont très adaptées.

À l'examen du Rorschach : le mode de pensée est plutôt porté aux généralisations, mais avec une prévalence d'attitudes assez défensives. Les capacités d'activité d'analyse sont limitées ; il en résulte une absence de sens pratique, qui peut se traduire par des difficultés d'adaptation sur le plan concret et dans le domaine des relations sociales.

L'expression affective et émotionnelle se révèle restreinte: On note une relative atrophie des besoins affectifs, entraînant des difficultés dans les possibilités d'instauration de relations affectives ou sociales; les modalités d'expression affective sont rudimentaires et renvoient à une certaine immaturité, avec un faible degré d'élaboration des composantes affectives.

On relève d'autre part des indices d'évitement vis-à-vis des pulsions archaïques agressives et sexuelles.

Les représentations symboliques des imagos parentales font l'objet d'un rejet et apparaissent peu structurantes. Elles renvoient plus particulièrement aux relations paternelles carencées, mais on constate également une gêne et un blocage massifs vis-à-vis de l'imago maternelle.

La planche du test renvoyant à cette imago maternelle entraîne en effet un blocage et une inhibition, qui traduisent des difficultés importantes et interrogent sur la nature de relation du sujet avec sa mère

L'imago paternelle se révèle peu structurante et dépréciée, et l'absence du père a eu manifestement un impact important dans la vie du sujet.

Les processus d'identification à cette représentation paternelle défaillante semblent donc avoir entravé le développement de la personnalité du sujet, et ont notamment gêné son identification sexuelle : On constate en effet dans le test projectif de personnalité, des difficultés pour le sujet à se situer dans son identité sexuelle, et on note à plusieurs reprises l'expression d'une gêne vis-à-vis de la symbolique sexuelle féminine.

La représentation symbolique de ses images parentales est un rejet du père, aux planches I et IV

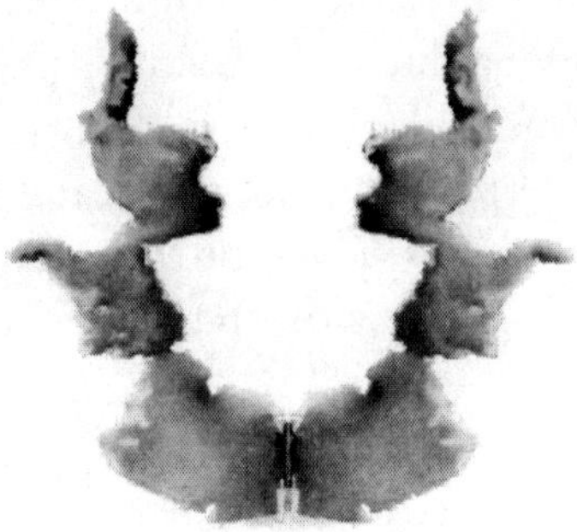

FIG 055

Et un rejet de la mère aux planches VII et IX

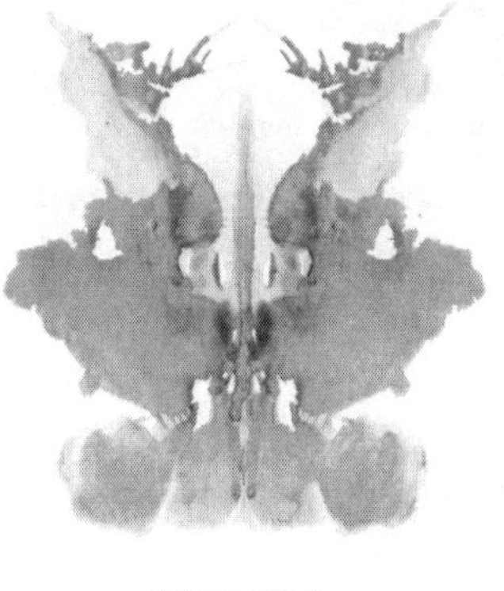

FIG 056

On relève également l'expression de doute sur la virilité, liée aux problèmes d'identité sexuelle du sujet, et les dessins réalisés par C. P. dans le -CHaD, tendent à confirmer ces problèmes d'identité sexuelle. On constate que la vie sexuelle du sujet a été inaugurée avec une femme beaucoup plus âgée que lui, et cette relation semble être venue en écho d'un contexte familial marquée par une dynamique œdipienne très marquée.

La qualité insuffisante des assises narcissiques acquises durant l'enfance et lors de l'adolescence paraît avoir entraîné un faible degré d'élaboration des structures psychiques internes.

Ces assises narcissiques faiblement élaborées sont à l'origine d'un important manque de confiance en soi, ainsi que d'une certaine vulnérabilité des structures psychiques internes.

On note également dans le test de Rorschach des capacités d'autocontrôle parfois inférieures aux capacités d'autocritiques, caractéristiques ayant pu favoriser des passages à l'acte dont le sujet aurait alors parfaitement conscience de l'inadéquation.

Si les faits pour lesquels le sujet a été mis en examen devaient être confirmés, ils pourraient donc s'inscrire dans ces caractéristiques d'immaturité ayant entraîné la recherche de gratification sexuelle auprès d'une partenaire elle-même immature.

Au Davido-CHaD

C'est de bonne grâce que Mr C accepte les consignes, mis à part lors du dessin d'enfance, il se montre très peu coopérant pour commenter ses dessins. À part le dessin d'enfance qu'il situe vers l'âge entre 11 et 12 ans et la main qui gêne qui est un poing aussi violent que les accusations à son endroit. Mr C est encore sur la défensive et préfère en dire le moins possible… Mais ses dessins parlent pour lui…

Dessin d'enfance C

Le dessin d'enfance de Mr C. représente un nounours, dessin qu'il faisait souvent au moment où ses parents se sont séparés et aussi au début de la maladie de sa mère: le nounours peut être considéré, ici, comme un objet transitionnel qui le reliait à sa mère.

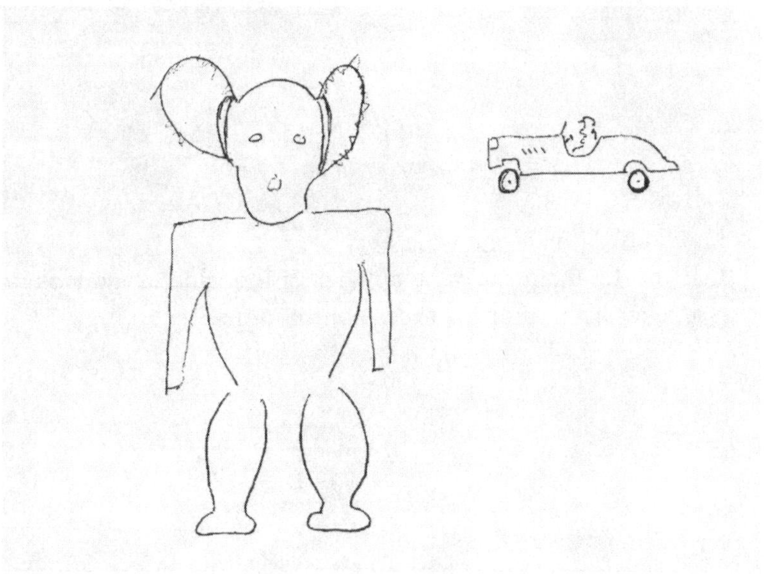

FIG 057
Mr C 49 ans, dessin d'enfance C

Dessin des mains H

Ce sont des mains de petite taille qui pourraient signifier un manque de confiance en lui. Elles sont identiques et on ne différencie pas l'intérieur de l'extérieur. Mr C ne veut pas commenter.

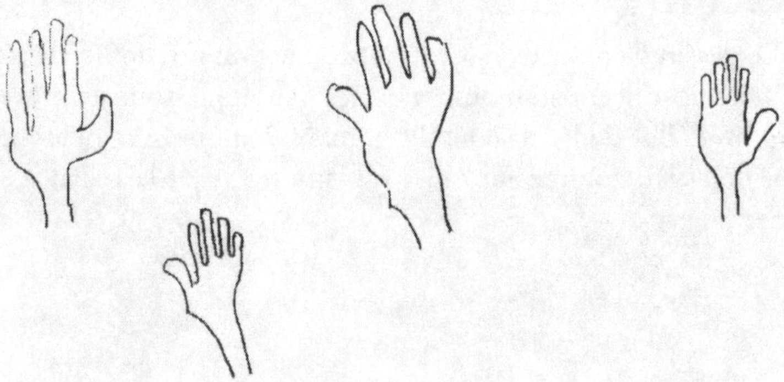

FIG 058

Mr CP 49 ans, dessin des mains H

Dessin de la main qui gêne D :

C.P. dit :La main qui gêne appartient à quelqu'un de violent « comme les accusations portées contre moi ».

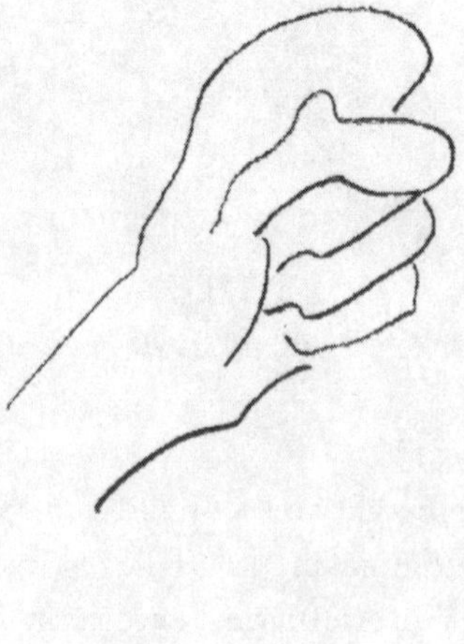

FIG 059

Mr C 49 ans, dessin de la main qui gêne D

Conclusion

Benoît de Prémorel est très surpris par les résultats aux tests de ce patient accusé d'abus sexuel… la WAIS et le Rorschach montrent bien une dépréciation de soi, un QI qui ne semble pas vraiment correspondre au niveau de l'élève plutôt brillant qui a entrepris des études supérieures, des défaillances narcissiques que l'on peut attribuer à l'absence d'investissement paternel. Et les réponses au Davido-CHaD, lui paraissent très conventionnelles, le dessin d'enfance… est un nounours, objet transitionnel type, représentation psychanalytique de l' « attachement » à sa mère.…

L'âge attribué au dessin d'enfance, correspond à l'âge de la séparation de ses parents et du début de la maladie de sa mère…

Quant aux dessins des mains, elles sont très petites et nombreuses, ce qui pourrait signifier qu'il manque de confiance en lui… Plus on fait de mains moins on a confiance en soi. Elles sont identiques, on ne distingue pas si c'est l'intérieur et ou l'extérieur. Ce sont « les siennes »

Quant à la main qui gêne, c'est « un poing » qui appartient à quelqu'un de violent, aussi violent que sa « mise en accusation »…

Intriguée par ce cas, dont Benoît de Prémorel me parle, je lui demande ce qu'il a remarqué de saillant, dans chaque dessin ; il me dit « à part les grandes oreilles du nounours », je ne vois rien d'autre et « mon interlocuteur » avait hâte de terminer l'examen.

Je demande donc à Benoît de me faxer les dessins… Et surprise, je découvre que le nounours a bien des « grandes oreilles », comme dans les dessins d'une personne humaine, « Dessinez un personne » (DAP) : ce qui souligne le côté paranoïaque du sujet. Il « écoute » tout ce qui se rapporte à lui… de crainte d'être « accusé »…

Mais les grandes oreilles sont un leurre… pour attirer, inconsciemment, l'attention. Le véritable trait caractéristique est qu'entre les cuisses du nounours, il n'y a pas de trait… que le conducteur de la voiture phallique, n'a pas de bras… pour conduire.

Cette « incomplétude » au niveau des parties génitales du nounours…signent l'extrême « vigilance » du sujet qui élude… tout ce qui pourrait être lié à sa sexualité. Ce « manque » signerait sa culpabilité.

Car tout manque, comme toute rature et ou rajout… sur un dessin, témoigne du désir conscient et/ou inconscient *d'être dans le déni* d'un acte que le sujet juge répréhensible.

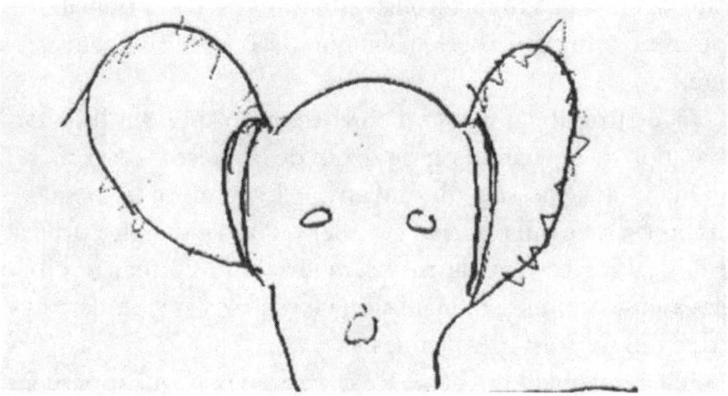

FIG 060

Mr CP 49 ans: dessin d'enfance C nounours aux grandes oreilles

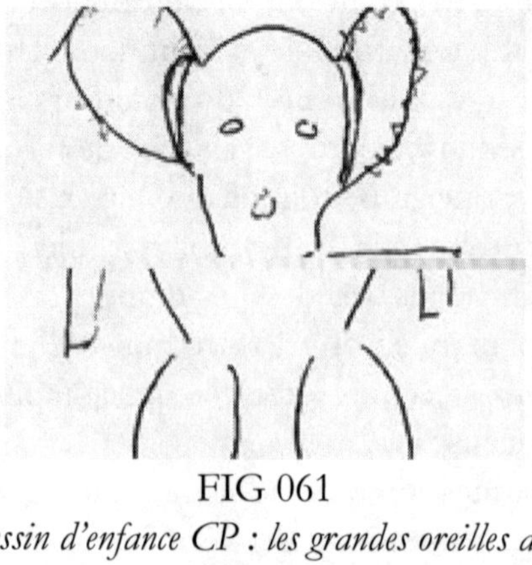

FIG 061

Mr C 49 ans, dessin d'enfance CP : les grandes oreilles attirent l'attention et occultent les manques

Cette incomplétude des parties génitales signifie un désir d'occulter ce qui pourrait être relié à la sexualité. Cette absence de trait entre les cuisses et l'absence de mains, présagent de la culpabilité de Mr C.

Au moyen du Davido-CHaD, nous pouvons apporter des éléments à charge sur Mr CP qui a certainement abusé son élève.

D'autre part le « déni » permanent, lors de l'entretien avec le psychologue : « qu'il niera toujours »… nous rappelle la phrase du Président Clinton : « je n'ai rien fait d'inapproprié avec Melle L… »

Le manque de trait, où le trait qui coupe le poignet du dessin des mains sont bien des signes de culpabilité.

7. Pseudo-débilité et maltraitance

Razvan, 6 ans 5 mois

Razvan est un garçon âge de 6 ans et 5 mois, le jour de l'examen psychologique. Le Dr Raluca Baciu, psychologue référente de sa région, reçoit cet enfant qui pose beaucoup de problèmes à l'école. Il est grande section de maternelle, l'enseignante le décrit comme un enfant colérique qui pose des problèmes au sein de sa classe, il agresse ceux qui ne sont pas d'accord avec lui, il n'a pas d'amis. Razvan ne prend aucune part aux activités de la classe. Il n'apprécie qu'un seul enfant, une petite fille de 5 ans dans une autre classe et il prétend être amoureux d'elle.

Le Dr Raluca Baciu [2,3.] a demandé à plusieurs reprises de rencontrer ses parents et les a enfin reçu, car ils n'avaient pas beaucoup de temps à consacrer aux problèmes de leur fils… « Puisqu'il n'avait aucun problème ! » Razvan est d'après eux un merveilleux petit garçon. Le père vient le chercher chaque jour à l'école et ne croit pas l'enseignante quand elle se plaint de cet enfant. Le père demande à la psychologue de le joindre dès qu'elle apprendra que son fils s'est mal comporté, car il n'a confiance qu'en elle…

Au mois de septembre 2011, le Dr Raluca Baciu voit l'enfant et lui fait dessiner le Davido-CHaD. Elle obtient des dessins bizarres de véritables dessins informes avec des taches de couleurs superposées. Razvan applique bien les consignes, mais la production est très bizarre et il commente ainsi son dessin :

<u>Dessin libre FD</u>

FIG 062

Razvan 6 ans 5 mois, dessin libre FD

Commentaires : *« C'est ma famille. Le premier c'est ma mère, le second mon père, le troisième (tout orange) c'est moi et tout en continuant à dessiner, il dit que les autres personnes c'est lui aussi »*. Il ne mentionne rien au sujet des couleurs.

Dessin d'enfance C

FIG 063

Razvan 6 ans 5 mois, dessin d'enfance C

Commentaires : *« Le premier objet (bleu-orange) est ma mère, le second c'est mon père et le troisième plus gros et plus coloré, c'est moi. J'étais couvert de plein de couleurs quand j'étais petit ! ».*

Dessin des mains H

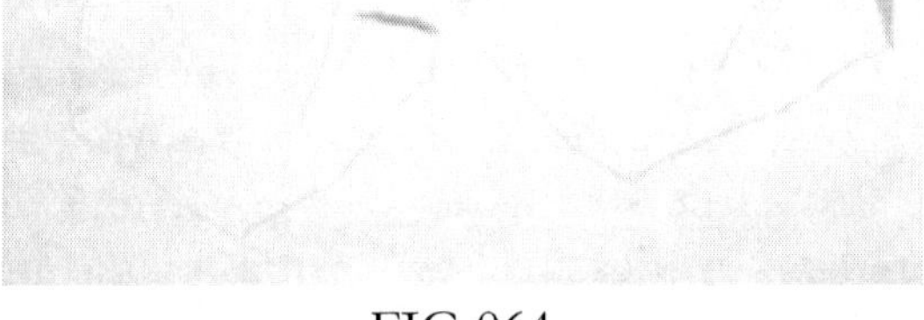

FIG 064

Razvan 6 ans 5 mois, dessin des mains H

Commentaires : « *Ce sont mes mains.* (Il a pris sa main gauche comme modèle) *je n'aime pas dessiner des mains. Ces mains sont en train de jouer sur un ordinateur, elles réparent l'électricité dans la maison et travaillent avec toutes sortes d'objets électriques.*

<u>Dessin de la main qui gêne D</u>

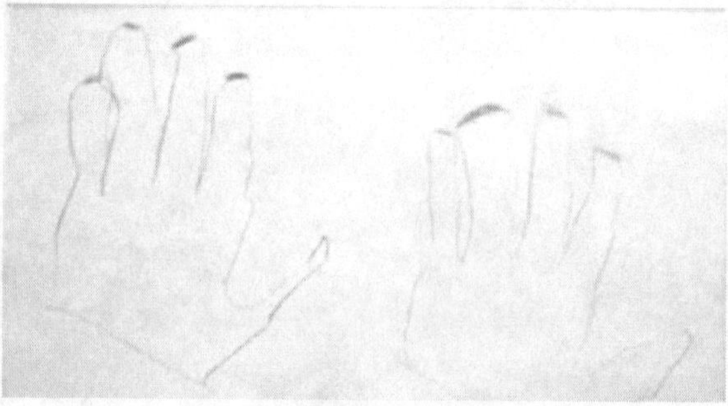

FIG 065

Razvan 6 ans 5 mois, dessin de la main qui gêne D

Commentaires et réponses aux questions QF :

« Ces mains ne sont pas à moi, elles à mes parents. Elles me gênent parce qu'elles ne me laissent pas jouer et réparer l'électricité et l'ordinateur. La main en bleu est celle de mon père, elle est vraiment très forte. »

On remarque que le dessin libre et le dessin d'enfance sont informes et évoquent une pathologie : un enfant de 6 ans 5 mois ne représente pas spontanément sa famille, comme des taches colorées… cela peut sembler étrange et on peut remarquer que les deux dessins C et FD sont aussi curieux l'un que l'autre et semblables comme si Razvan n'avait jamais été capable de projeter un corps, depuis son plus jeune âge. Il ne semble n'avoir jamais été capable de se projeter dans un dessin, hormis une masse informe et morcelée colorée.

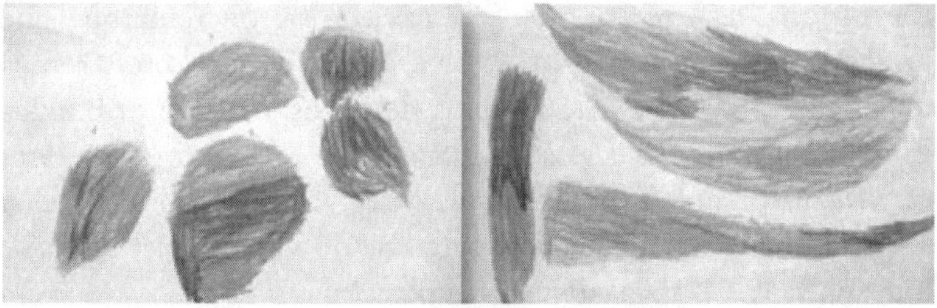

FIG 066
Comparaisons entre FD et C

En revanche dans le dessin des mains H et dans celui de la main qui gêne D, on trouve « enfin » une forme humaine. Les deux consignes sont « lisibles » et contrastent avec les items précédents :

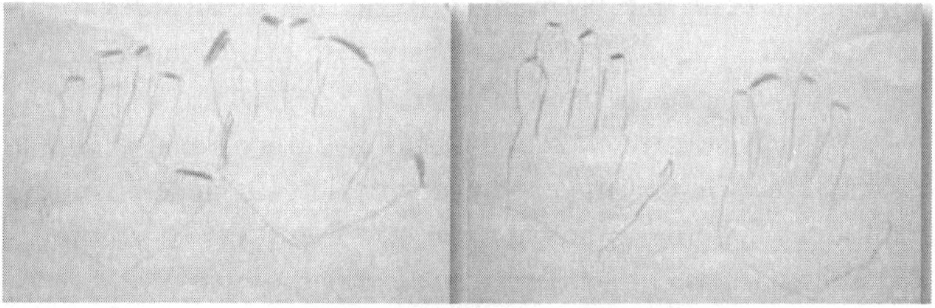

FIG 067 et FIG 068
Comparaisons entre H et D

Le Dr Raluca Baciu est perplexe, car ce cas ne ressemble en rien aux cas historiques que nous avons étudiés chez les enfants tout-venant et/ou maltraités.

Ce genre de *superpositions de couleurs* se retrouve dans l'entourage des enfants qui vivent des conflits graves chez eux, quand les parents se battent, quand l'environnement est conflictuel et/ou que l'enfant est abusé mais on trouve des formes identifiables, telles des maisons, des arc-en-ciel, des vêtements avec des strates de couleurs différentes. Mais dans ce cas, FD et C sont si semblables que l'on n'arrive pas à discerner une quelconque régression. Par exemple dans le cas d'Elsa, on remarque que le dessin d'enfance est plus évolué que le dessin libre. Depuis qu'Elsa a été abusée, elle n'a plus de corps, c'est un gribouillis informe… Mais Elsa, se souvient d'avoir eu un corps… Alors que Razvan ne peut même pas associer des formes humaines à ses commentaires très réalistes, il parle de sa famille et de lui… Mais en fait… Il s'agit de taches colorées.

Nous verrons des enfants maltraités comme Kim (cas suivant) qui eux-aussi dessinent n'importe quoi pour le dessin libre et le dessin d'enfance mais au moment de dessiner la main qui gêne, ils ont comme un éclair de génie… et se sentent concernés en projetant la main qui les gêne, comme une véritable main qui les maltraite. Cette main qui gêne trouve comme un écho à l'expression de leur souffrance vécue.

Dans le cas de Razvan, le dessin des mains et/ou le dessin de la main qui gêne, représentent de véritables mains. Des mains qui réparent, qui jouent et/ ou qui sont « fortes » dans le dessin de la main qui gêne, la main du père.

Razvan ne souffre d'aucune pathologie mentale, alors que le dessin libre et le dessin d'enfance ont bien les caractéristiques graphiques des enfants autistes, par exemple… car les commentaires ne sont pas congruents avec cette pathologie.

Quant aux dessins des mains H et/ou D, on ne note qu'un mot, dans le commentaire, attribué au père : la main bleue appartient à mon père, elle est vraiment très forte ».

Quand un enfant parle de mains de quelqu'un de « fort », d'invincible, de robuste etc. Nous sommes dans le monde de l'enfance maltraitée…

Remarques

Quelques jours après l'examen, l'enseignante, intriguée par les soupçons « invisibles pour elle » de la maltraitance de cet enfant, vint décrire au Dr Raluca Baciu, une scène qui, hélas, confirmait ses soupçons. Un matin le petit Razvan est arrivé en pleurant à l'école en disant que sa main lui faisait mal, le père était derrière lui et souriait. Ils racontèrent tous deux leur version à l'enseignante. L'enfant dit qu'il était tombé, le père renchérit que le petit garçon s'était battu sur le chemin de l'école avec un autre enfant. L'institutrice était perplexe, car l'enfant ne pouvait pas avoir été battu… sur le chemin de l'école puisque le père vient directement en voiture déposer son enfant… Donc il était difficile de concilier les deux versions. L'enfant ne rencontre ses «pairs » que le temps d'ouvrir la portière de la voiture et d'arriver à la porte de l'école… où toute bagarre entre enfants aurait été visible… par l'institutrice qui ce matin-là était de service à la l'entrée de la maternelle.

Finalement, Razvan alla trouver l'institutrice et lui dit que c'était son père qui l'avait tapé, qu'il était très « fort ». Il lui avait tapé sur les mains avec une règle afin de ne plus entendre quoi que ce soit sur son comportement à l'école et qu'en tapant, encore plus fort que d'habitude, il comprendrait enfin que l'école n'avait plus à le convoquer… pour lui parler de son enfant. Razvan ajouta que son père avait l'habitude de le taper et il fondit en larmes. Il se confia sur sa vie à la maison qui était intenable, le père le battait à la moindre occasion. Il admit que son père l'effrayait.

Le Dr Raluca Baciu rappela la mère au téléphone et lui dit que son enfant était un gentil petit garçon très sensible, mais que ce devait être à la maison que Razvan rencontrait des problèmes ; cette dernière mit un moment à reconnaître que Razvan était la « bête noire » de son père qui le battait souvent, sans raison… Et que l'enfant devait se retenir de pleurer car son mari ne tolérait pas le bruit des sanglots. La mère rajouta que Razvan lui avait dit : « *tu vois qu'il me bat, tu es toujours là quand il le fait et tu ne dis rien* ». La mère raconta aussi que l'enfant était obligé de dessiner ses objets informes afin de se cacher de son père, qui n'appréciait ni le bruit des sanglots ni les dessins que l'enfant pourrait représenter.

La mère fondit en larmes en attestant que la vie à la maison était infernale. Mais elle s'empressa de raconter… « Qu'il faut battre un enfant de temps en temps… afin qu'il file droit ! »

Quelques mois plus tard, Razvan revint en consultation chez le Dr Raluca Baciu et fit le dessin suivant :

FIG 069

Razvan 7 ans 3 mois, dessin libre FD 2 : il « regarde ses parents danser »

Coclusion

Grâce à son intime conviction, le Dr Raluca Baciu a très vite compris, avec le Davido- CHaD, que Razvan était un enfant tout à fait « normal » et que son comportement à l'école ne pouvait provenir que de chez lui. En demandant à l'enseignante de la tenir informée de toute anomalie qu'elle pourrait relever dans le contexte familial, elle a été capable de *redonner la parole à l'enfant.*[16.]

Si j'avais eu ce cas à traiter… J'aurais sans doute demandé à faire passer le CHaD aux parents, car les parents maltraités dans leur enfance, perpétuent les maltraitances de génération en génération.

8. Maltraitance et détresse sociale

Kim, 5 ans et demi

Kim est un petit garçon de 5 ans et demi, il est chétif de très petite taille, il est très pâle… Il est signalé par la maîtresse : parce « qu'il n'est pas au niveau…qu'il s'exprime mal et peu … ». L'enseignante trouve qu'il est trop tôt pour l'envoyer à « la grande école ». Elle ne le trouve pas assez mature.

On me demande mon avis de psychologue scolaire, je vois donc Kim qui se montre très coopérant et souriant mais qui ne semble pas très intéressé par les questions banales que je lui pose lors de l'entretien. Je lui demande de dessiner le dessin qu'il faisait le plus souvent quand il était plus petit.

<u>Le dessin d'enfance C</u>

Il s'agit d'un bonhomme-têtard, dessiné au crayon feutre. Rassurée, je me dis qu'il a bien compris la consigne et qu'il est capable de régresser…

FIG 070

Kim 5 ans 6 mois, dessin d'enfance C

<u>Le dessin des mains H</u>

C'est encore un bonhomme-têtard, dessiné aux crayons feutres. Là je perds tout espoir et me dis que Kim ne comprend pas les consignes et qu'il faudra évaluer son intelligence très rapidement.

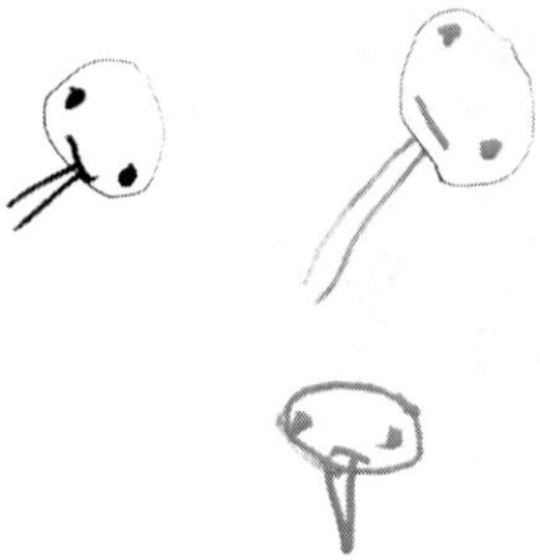

FIG 071

Kim 5 ans 6 mois, dessin des mains H

Le dessin de la main qui gêne D

Kim plaque sa main sur la feuille et dessine sa main avec un feutre rose et ajoute « maman battre »... Tout était dit !

FIG 072

Kim 5 ans 6 mois, main qui gêne D

REMARQUES : la seule consigne « entendue » par Kim, a été « la main qui gêne » la consigne a été comprise et l'on peut penser que c'est le fait d' avoir proposé à Kim d'être mal, de pouvoir être mal, lui avoir dit qu'il avait le droit d'exprimer un mal-être, qui lui a « parlé » plus que les précédentes consignes. La couleur (rose) n'est utilisée que pour cette main qui gêne. Alors qu'il y avait un désintérêt pour les autres items, c'est brutalement la main qui gêne qui a révélé le mal être de cet enfant sans plaintes d'aucune sorte. L'utilisation de la couleur rose, uniquement pour la main qui gêne, témoigne probablement d'un contexte de violence que l'enfant a pu exprimer.

Le dessin libre FD

Quand nous demandons à Kim de dessiner librement, il fait des gribouillis. Ceux-ci sont encore plus régressifs que ceux du dessin d'enfance.

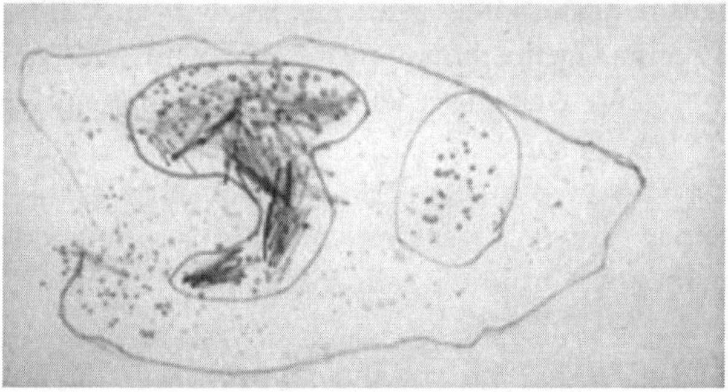

FIG 073

Kim 5 ans 6 mois, dessin libre FD

Commentaires de Kim :

Kim n'arrive pas à dater son dessin d'enfance, il le contemple en souriant. À la question « que font ces mains ? » Kim ne peut que répéter, « des mains ». Mais pour la main qui gêne Kim s'exprime plus, ce sont *« des mains de maman battre »* et il commence à sangloter. C'est ainsi que l'on a appris que la mère de Kim était une alcoolique qui pourtant paraissait chaleureuse ; elle était en fait une mère qui maltraitait son enfant.

Un examen médical ultérieur confirmera les faits et des mesures sont alors prises pour retirer Kim à la garde d'une mère devenue de plus en plus dangereuse. Les mesures trainent en longueur et bien que le juge ait été saisi et qu'une enquête sociale ait été requise, rien deux ans plus tard n'a abouti. Cet enfant est de nouveau signalé par l'école, il a maintenant 7 ans, il ne sait toujours pas lire. Nous faisons, à nouveau, passer le Davido-CHaD. Rien n'a changé par rapport aux premiers dessins du test si ce n'est le commentaire du dessin d'enfance. Kim dit : *« qu'il voit souvent des nhommes (hommes), des femmes et des fils qui meurent de faim, à la télévision » et il ajoute : «j'ai peur de mourir ».*

Conclusion

Il était très difficile de comprendre les difficultés d'intégration de ce petit garçon qui ne s'exprimait pas et passait pour un enfant déficient intellectuel. Les résultats au WISC R révélaient une intelligence limite, mais cela ne suffisait pas à expliquer son comportement et les difficultés d'apprentissage… La Justice suit son cours…Nous avons hâte que cet enfant qui a été entendu puisse enfin bénéficier d'une prise en charge sociale. En attendant, des dispositions ont été prises pour qu'il bénéficie, au moins, le matin de la distribution de lait que l'on fait en maternelle.

Dans ce cas on voit bien que même si on trouve des déficiences physiques et/ou intellectuelles, ce n'est pas la seule prise en charge psychologique qui permettra d'aboutir. Si on laisse de côté la réalité et les facteurs sociaux de la maltraitance.

Le Davido-CHaD et seulement lui, a permis à ce jeune enfant d'exprimer ses difficultés et d'en déterminer la cause, cause bien extérieure à la psychologie.

9. Cas particulier des terroristes

C'est une population très particulière que le Pr Sarlito W. Sarwono m'a permis d'approcher. Cette population de sujets, ayant participé de près ou de loin aux attentats en Indonésie, est très étudiée dans les milieux universitaires, politiques et policiers mais aussi cinématographiques comme dans le film- documentaire [17] « les Bali bombers ».

Pour mieux comprendre cette population d'ex- terroristes, voici tout d'abord le point de vue du Pr Sarlito sur le Davido-CHaD [23,24]. test qu'il a utilisé dans but de déradicalisation et qu'il narre dans son ouvrage français *[6] :

6. Déradicalisation de la Personnalité d'ex-terroristes, à l'aide du Davido-CHaD, *10 cas d'ex-terroristes indonésiens,* Édilivre, Paris 2012 ; *Indonesian Terrorists in Psychoanalytical Perspectives, Foreword by Roseline Davido, Translated from Bahasa Indonesia by Ringkink Korah. Swan World, Paris 2015. « mengenal ank melalui gambar, Roseline Davido, Editor : Prof Dr Sarlito Wirawan Sarwono, Psijolog - Jakarta ; Salemba Humanika, 2012.*

« Le CHaD-Test est en grande partie un test clinique qui permet d'orienter le sujet vers une ouverture thérapeutique. Ceci m'a paru bien adapté à ce genre de cas afin de mieux comprendre les raisons de leur évolution vers la radicalisme et peut-être améliorer leur dé-radicalisation. Aucun parmi le groupe « d'ex-terroristes » n'a refusé cette approche nouvelle : dessiner mais ne pas écrire.

Interprétation des résultats du Davido-CHaD

Le dessin d'enfance C : les dessins d'enfance des ex-terroristes se ressemblent beaucoup entre eux et ressemblent beaucoup à ceux du groupe témoin (montagnes pointues bordées de rizière), même si les premiers dégagent moins de vie. Rares sont les dessins plus originaux, chez le indonésiens avec arbres, fleurs etc., tels celui de ma petite-fille (poule sur son nid) ou de mon petit fils (papillons). Il faut savoir que cette stéréotypie des dessins de montagne est une « norme » fréquente chez les enfants indonésiens. Ce fait explique que nous retrouvons très peu de régression dans les dessins d'enfance.

Les sujets extrémistes issus de milieux sociaux de la norme-moyenne et évoluant dans un voisinage paisible, dénué de violences physiques, ne font pas plus preuve de créativité dans leur dessin d'enfance que les sujets-témoins.

Cependant, dans le groupe d'ex-terroristes, l'image paternelle est pratiquement inexistante dans les dessins et commentaires (un seul cas fait un gros soleil chaud) et celle de la mère l'est tout autant (dans un dessin, dans deux commentaires).

Ainsi, ce minimum de couleur, la faible présence parentale, la monotonie et la banalité des thèmes laissent supposer que ces sujets ont eu une petite enfance peu protégée (l'un met du rouge parce que c'est la couleur du courage), peu affective et dépourvue de jeux d'enfants. À noter que cette situation est encore très fréquente en Indonésie.

L'âge correspondant au dessin d'enfance (dessin fait le plus souvent quand on était petit), n'est pas saillant : c'est celui de la scolarité élémentaire dans 9 cas sur 10, seul un cas se rappelle qu'il avait trois ans quand les montagnes ont disparu sous des constructions nouvelles. Donc l'évocation du type d'enfance vécue à l'âge du « dessin fait le plus souvent », ici dans neuf cas sur dix n'a pas fait surgir, dans les commentaires du sujet quelque chose enfoui, refoulé qui l'aurait choqué. Majoritairement on ne détecte rien qui puisse correspondre à un traumatisme relatif à l'image du corps, comme on peut le déceler dans certains dessins d'enfants en occident.

Ici, les sujets « parlent » de leurs jeunes années, quand ils étaient tranquilles, « en paix », entourés par leur famille, leurs amis, une mère « heureuse » et où «on jouait ». Mais la plupart d'entre eux semblent avoir vécu une enfance de façon très solitaire et sans but (un seul seulement dit qu'il devait étudié le Coran), ce qui est assez typique des sujets indonésiens.

Les procédés graphiques pour réaliser le dessin d'enfance sont ceux de la restitution ou de la reconstitution ; aucun cas n'utilise le procédé de la reconstruction, tel qu'on peut le voir chez les malades mentaux. Sous l'uniformité des dessins de paysages, on peut reconnaître quelques caractères graphiques du monde enfantin mais surtout, on remarque une franche cohérence entre l'aspect des dessins et leurs commentaires (comme dans une population tout-venant). Cela signifie que ces sujets sont capables de mettre une limite entre le réel et l'imaginaire.

La différence entre les observations « occidentales » et « indonésiennes » sont à première vue d'origine culturelles : en grande majorité, les enfants indonésiens ne dessinent qu'à l'école dans le cadre de l'instruction au contraire des occidentaux pour lesquels il est même « recommandé » de laisser son bambin barbouiller, dessiner ce qu'il veut sur n'importe quel support. Or, tout dessin d'enfance est l'expression de quelque chose de très profond en rapport avec les fondements de l'être, quelle que soit la culture. D'ailleurs, même s'ils sont rares, des indonésiens (nes) tout-venants peuvent représenter autre chose ou toujours des montagnes, ces dernières décorées d'arbres, de fleurs, de maisons etc. ou bien narrent tous ces détails dans leurs commentaires : un réel souvenir d'enfance transparait nettement. Ainsi, vue la pauvreté des souvenirs, on peut faire l'hypothèse que chez les ex-terroristes, *il y a une sorte d'effacement de cette vie enfantine et donc des bases de la construction psychique*. En effet, tous les ex-terroristes ont bien compris la question et sont capables d'y répondre en dessinant un véritable dessin d'enfance et d'enfant avec des commentaires adaptés mais l'évocation de ce qu'ils étaient en tant qu'enfant est stéréotypé et minimaliste.

Cela aussi tend à prouver qu'ils sont sains mentalement et capables de régresser normalement quand c'est nécessaire comme n'importe qui d'autre. Actuellement, ces sujets sont aptes à bâtir un réel mur entre ce qu'ils ont été et ce qu'ils sont maintenant. Cela signifie qu'ils ne mélangent pas le monde réel et le monde imaginaire ; ils sont conscients du fossé entre ce qu'ils étaient et ce qu'ils sont maintenant. Ce fossé est énorme comme nous allons le voir dans le dessin des mains H et celui de la main qui gêne D.

Le dessin des mains H

Il n'y a qu'y a qu'UNE main par individu et toutes les mains du groupe sont grandes, voire énormes, montrant par là un EGO démesuré. La moitié des sujets déclare que cette main est la leur et l'autre moitié des sujets l'attribue à un ou une autre personne ; dans tous les cas cette unique et grande main est *dépréciée* dans les dessins et/ou les commentaires. Cela signifie que ces mains, qui leur appartiennent en propre puisqu'ils ne sont pas malades mentaux, « sont moches » et que les ex-terroristes projettent une image négative d'eux-mêmes et ne se sentent pas à l'aise ni dans leur corps ni dans leur tête.

La distance est grande, dans cette population, entre un énorme ego et une image dépréciée d'eux-mêmes. Ils ne sont pas heureux tels qu'ils sont et aimeraient se débarrasser de cette image négative d'eux-mêmes.

Les sujets tout-venants ont la possibilité d'améliorer leur image de soi en participant à des activités sociales, en faisant du sport, de la musique etc. Mais l'ex-terroriste a une telle image négative de la société honnie, où il vit, qu'il est face à une contradiction majeure qui le « bloque » dans ses désirs à devenir un « bon » citoyen ou plutôt un banal, un « honnête citoyen ».

Le dessin de la main qui gêne D

Unique également elle ressemble comme une copie à la précédente H. Et ce qui est encore plus intéressant, c'est que 7 sujets sur 10 déclarent que cette main est la leur. Cela signifie qu'ils ont une mauvaise image d'eux-mêmes, de leur passage à l'acte et se sentent coupables : c'est un signe évident dans la main avec le poignet coupé.

Ainsi, d'un côté, ils voudraient bien embellir ou réparer leur image de soi abimée par leurs actes passés et d'un autre côté, ils doivent faire face à leurs contraintes internes, intimes (doutes, manque de confiance en soi) et à leurs contraintes extérieures (stigmatisation). Le résultat aboutit à une sorte de personnalité mal définie à la fois incertaine et figée.

Le gouffre, le contraste majeur entre le ressenti banal de leur enfance et le ressenti très négatif de leur image actuelle de soi (« moche »), révèlent leur faiblesse qu'ils masquent sous un énorme ego, aussi grand que leur main H et aussi grand que leur main D : ils ont beau grossir leur ego, ils restent dans la dépréciation de leur image de soi fondamentale.

Ce gouffre peut être réduit en créant une passerelle entre ce qu'ils pensent et ce qu'ils font :

Dans le cas d'MI, le ressentiment contre le père s'est projeté, s'est déplacé sur le gouvernement et l'Etat Indonésien. MI est parti en guerre au nom de la religion ce qui n'est qu'une expression (un masque ?) de son Ego courroucé. Son corps est passé sous le contrôle de sa conscience jusqu'à ce qu'il rejoigne notre programme de déradicalisation en 2009.

Cependant, lors d'un « accrochage » avec un officier de Police, MI. voulait rejoindre à nouveau les mouvements radicaux contre le « thogut » gouvernement (le diable). C'est un de mes amis, officier de Police, aussi qui l'a aidé à résoudre cette situation en l'éloignant et en le protégeant. C'est clair, dans le dessin de la main qui gêne D, la main qui tient quelque chose est sa main, celle d'une personnalité fragile qui a besoin d'un support pour se cramponner, rester ancrée dans le réel.

Le Programme de déradicalisation, lui a apporté ce support mais il est évident qu'il doit être poursuivi.

L'Université a pu poursuivre ce programme pilote pour ce groupe particulier jusqu'en 2011. Mais la poursuite de ce programme ne peut pas n'être sponsorisée que par les fonds de recherches de l'Université. D'autant que au-delà de mon groupe expérimental, il y a des centaines de personnes et leur famille qui se trouvent dans la même situation et ont besoin d'être soutenues et suivies. Cette approche ne peut être seulement financière car les besoins sociaux et psychologiques sont très importants. La poursuite de ce programme a besoin du concours de certaines Institutions gouvernementales comme les Ministères des Affaires Sociales, des Affaires Religieuses, de l'Éducation et de la Culture.

Les apports du Davido-CHaD, *par Roseline Davido :*

Les observations chez les trois différents groupes qui ont passé le Davido-CHaD, (sujets tout-venants, sujets ayant tué dans le cadre du droit commun et sujets ayant tué dans le cadre du terrorisme) montrent des critères objectifs, des lignes directrices différentes et donc des profils psychologiques différents :

Sujets tout venants : cohérence dans l'enchaînement des dessins C, H et D, des commentaires adaptés au dessin d'enfance. Les mains H, en nombre et taille variables vivent, créent des situations. La main qui gêne D est toujours rejetée. Les mains ne sont *jamais colorées.*

Sujets non terroristes ayant tué : les mains sont colorées, signant un rapport violent à la mort, mais surtout la main qui gêne D reste très différente des mains H. Le dessin d'enfance, comme celui des mains H et D révèle à des degrés divers des caractères frustes, des désordres cognitifs, névrotiques et/ou psychotiques pouvant orienter vers la cause profonde de la violence.

Sujets terroristes : la caractéristique est que le dessin d'enfance C et le dessin des mains H ne révèlent pas de « grandes » pathologies. Même s'ils montrent un Ego démesuré (grande main unique), on n'est pas dans la maladie mentale. En revanche, ne pas faire la différence entre la main H et la main D (ce sont des copies conformes) et s'approprier la main qui gêne D est un signe saillant.

L'échantillon « terroriste » est certes très petit (10 cas) pour dégager des critères spécifiques mais il est notable de retrouver chez presque tous les sujets, cette sorte d'unité, cette constante en comparaison des autres groupes (plus de 100 personnes) : alors qu'ils n'appartiennent pas à une population de malades mentaux, ces ex-terroristes s'approprient la main qui gêne. Il faudra d'autres études pour corroborer ces résultats et confirmer ce trait très particulier de ne plus différencier « son corps ressenti et sa tête ». Est-ce antérieur ou postérieur au passage à l'acte ?

Le Davido-CHaD n'apporte pas de recettes dites « mesurables » mais des orientations. Il fait que le psychologue se pose des questions inédites et donc élargit son champ d'investigation, hors des stéréotypes classifiés, hors des sentiers battus. C'est ce que nous avons voulu faire avec le Pr Sarlito Sarwono.

Voici le cas de MI, ex-terroriste indonésien

Cet entretien est mené par Zulfa étudiant de psychologie de dernière année à l'Université de Persada Indonesia University de Jakarta.

Muhamad. I. (MI), né le 27 décembre 1975 à Jakarta, fait partie d'un programme de de-radicalisation dirigé par l'université d'Indonésie depuis 2009. Il avait 34 ans quand il est devenu membre du programme, avec environ 45 autres ex-terroristes recrutés dans les environs de Jakarta, au sein des prisons et/ou à l'extérieur ou encore dans des centres de détention.

Il a été recruté pour ce programme car il était impliqué dans des conflits sanglants à Poso et Ambon (1999-2004). Outre son rôle dans les combats, l'autre rôle de MI était de faire du trafic des armes depuis les Philippines jusqu'aux zones de conflit. Il a reçu son entrainement militaire a Moro (au sud des philippines) au centre de Moro l'Islamic Liberation Front (MILF). Quand il s'est inscrit à Moro, il était en train d'étudier le génie civil à l'institut national de la technologie (National Institute of Technology, ISTN) à Jakarta (1994-1999). Il a dû sauter deux semestres pendant ses études à l'université pour pouvoir aller à Moro. Selon lui, il a réussi à éviter d'être arrêté par la police parce qu'il s'en est servi de son entrainement militaire pour s'échapper.

MI est un grand homme, plus grand que la plupart des hommes indonésiens, avec un corps bien bâti. Ayant un diplôme universitaire d'ingénierie, il est plus intelligent que les autres membres du programme de de-radicalisation (qui en général s'arrêtent leurs études au lycée sinon plus tôt). Il est le seul qui peut rédiger des papiers et des rapports, pendant que les autres membres ne peuvent s'exprimer qu'en parlant.

Après d'avoir reçu son diplôme d'ingénierie, MI travaillait comme vendeur et responsable des ventes, sous-directeur de marketing et directeur dans des banques étrangères (la plupart américaines), mais il a arrêté parce qu'il préférait aider ses frères musulmans à Poso et Ambon qui souffraient sous les attaques des chrétiens. Il est devenu membre de KOMPAK (*Komite Penanggulangan Krisis*, groupe extrémiste islamique), qui l'a envoyé dans des zones de conflit.

En revenant à Jakarta, il était toujours rattaché à une organisation musulmane humaniste qui s'appelle «Mer-C» qui l'a envoyé à Ambon et qui va l'envoyer en Palestine afin de construire un hôpital. Il a hâte d'être envoyé en Palestine, non pas parce qu'il pourra aider le peuple palestinien, mais parce que en Palestine il aura la chance d'affronter directement les juifs, et il va peut- être en tuer quelques-uns. Bien sûr que son idéologie est toujours radicale, même s'il n'est plus impliqué dans les actions violentes contre les non-musulmans. Toutefois, vu qu'il a un emploi comme garde de sécurité dans une Entreprise privée, et qu'il est bien payé, il peut compter sur sa carrière à l'avenir, il n'a plus envie d'être implique dans une organisation radicale.

Origines familiales et activités actuelles

MI vient d'une famille de la classe moyenne. Son père, Tubagus Muhamad Yusman (mort en 2008) était un ancien membre du célèbre ITB (Bandung Institute de la Technologie), mais il travaillait comme personnel pas haut-placé au Département de Construction Publique (Public Construction Department) du gouvernement provincial de Jakarta. Mr. Muhamad Yusman (MY) était descendant d'une famille féodale Banten, et donc il porte le titre deodal Tubagus. Il s'est marié avec une femme de Jakarta, Hawiroh, et ils habitent à Kedoya, Jakarta. MI a trois sœurs et un frère, ils sont nés à Kedoya.

Toutefois, MY n'a pas bien réussi financièrement. Il semble que la frustration que MY a ressentie vis-à-vis de son métier était déplacée sur MI. Donc MI était très mal traité par son père quand il était petit. Il était frappé avec les mains ou une ceinture, et sa main était brulée avec une cigarette. Le pire mauvais traitement dont MI se souvient était quand son père l'a tenu à l'envers et sa tête était immergée dans l'eau juste parce que MI a demandé un nouveau jouet. Mi avait donc très peur de son père, et il soupçonnait de n'être qu'un beau-fils de son père car MY n'a jamais traité le frère ou les sœurs de MI aussi mal.

La meilleure période de l'enfance de MI était quand il pouvait rendre visite à ses grands-parents à Banten. Le village paisible de ses grands-parents se trouve à côté de la plage, et la MI peut jouer toute la journée avec les enfants du village, et il peut rester avec ses grands-parents pendant un mois. Un autre bon souvenir d'enfance était quand sa sœur, Dini, est née, quand MI avait 5 ans, Dini est devenue médecin. Mi l'aime bien et aime ses sœurs et son frère: Dini ainsi que Sely qui a un poste hospitalier, Lia, étudiante en génie chimique à l'université et son frère Akbar encore lycéen. Cependant, MI aime particulièrement sa mère qui l'a protégé des colères de son père toute son enfance.

MI est actuellement marié, il a trois enfants. L'aîné est étudiant de première année dans un collège Islamique. MI envoie ses enfants dans des écoles islamiques pour être sûr qu'ils reçoivent une bonne éducation islamique. MI était lui-même très actif dans plusieurs organisations islamiques pendant qu'il était au lycée et à l'université. Il est aussi très actif en enseignant la légitime défense dans quelques organisations de légitime défense.

Ça c'est son deuxième mariage. Il a été sur le point de tuer toute la famille de son ex-femme lors de son premier mariage, car il a appris que son ex-femme a eu une liaison extra conjugale avec son ex- petit copain. Il travaille aujourd'hui comme commandant de sécurité dans une association privée à Jakarta, et aussi comme instructeur en free-lance dans le cadre de la défense militaire.

MI n'est pas un terroriste indonésien typique; normalement ils viennent de familles qui sont déjà radicalisées ou au moins en train de se radicaliser. MY, le père de MI était impliqué dans PPI (Association des étudiants islamiques (Islamic student association) mais il n'a jamais été très actif. Le reste est simplement une vie de famille normale et laïque, ou les enfants vont dans des écoles et universités laïques (Y compris MI), et sont diplômés dans divers domaines d'études scientifiques.

Il est clair que MI s'est rapproché du point de vue radical islamique de son *pesantren* (école islamique simple), qui ne dispense pas en fait une éducation radicale, mais il quand même devenu radical et violent malgré tout. C'est probablement à cause des mauvais traitements qu'il a subis de son père quand il était petit. Il aime bien lire les livres islamiques radicaux, ce qui lui permet de se radicaliser de plus en plus. Il avoue qu'il est un descendant des anciens membres du Darul Islam (DI), une organisation islamique fondée par Kartosuwiryo en 1949 qui exigeait un état d'Indonésie

Islamique (NII, Islamic state of Indonesia) et se rebelle contre le gouvernement de la République d'Indonésie. Le gouvernement indonésien a éliminé l'organisation (DI) et a exécuté Kartosuwiryo en 1962, mais l'idéologie persiste et se montre dans des organisations radicales actuelles comme JI, Kompak, et Mer-C.

Analyse intermédiaire

Quand on lui pose des questions sur l'évènement le plus traumatisant de son enfance, MI n'a pas parlé ouvertement d'abus sexuels. Cependant, il raconte avec beaucoup de détails la maltraitance dont il a été victime de la part de son père. D'un point de vue psychanalytique, cela pourrait symboliser des abus faits par son père qui ont perturbé MI et l'ont rapproché de sa mère. MI tient beaucoup à sa mère car sa mère s'est toujours montrée très protectrice avec lui. Dans les mots d'MI utilise souvent cette expression : «ma mère *pasang badan*". Signifie que sa mère va interposer son corps entre MI et son père pour le protéger, elle devient comme un bouclier qui le protégea, si son père le menace. Autrement dit, les intrusions du père pourraient être interprétées comme un abus sexuel sublimé, dans la mesure où le père veut toujours avoir un contact rapproché avec MI.

<u>Dessin d'enfance C</u>

FIG 074

MI 34 ans, dessin d'enfance C

Dessin des mains H

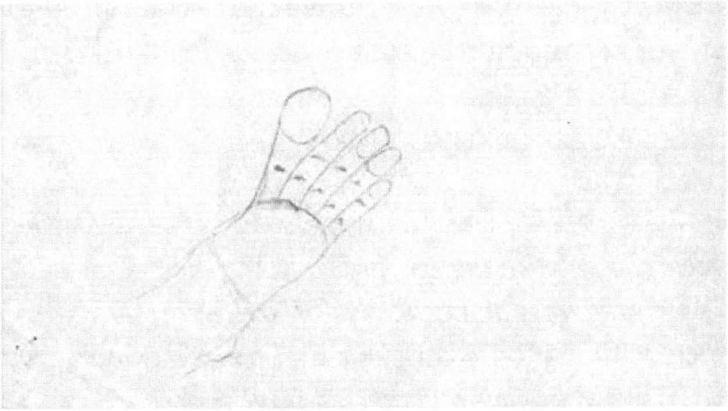

FIG 075

MI 34 ans, dessin des mains H

Dessin de la main qui gêne D

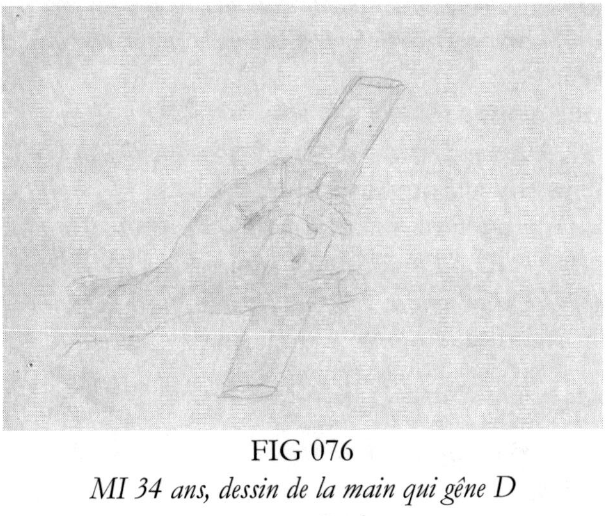

FIG 076

MI 34 ans, dessin de la main qui gêne D

Entretien détaillé du Davido-CHaD

Au début, MI refuse de dessiner. Pour établir un bon rapport, le psychologue lui pose des questions générales sur sa famille et son expérience acquise lors de ses combats divers. Il a fallu

45 minutes avant que le psychologue ait pu le convaincre de commencer à dessiner. En dessinant, MI s'est arrêté plusieurs fois et a hésité avant de continuer de dessiner.

L'entretien préliminaire:

MI: « *après mon divorce, j'ai trouvé un travail. À la fin pour le cas de ma femme, j'ai fait mon enquête sur le cas avec mon intelligence, J'ai utilisé mon savoir militaire. J'ai découvert qu'elle a eu une relation avec son ex.* »

Z: Qu'est-ce que vous voulez dire par relation?

MI: « *Bah ils communiquaient sans que je le sache. Ils pouvaient se retrouver au centre commercial pendant que j'étais au boulot* ».

Z: Qui te l'a dit?

MI: « *Humm, en fait c'étaient mes voisins qui m'ont averti. Mais la rumeur empirait. C'était moi qui a étais blessé. Si ALLAH ne m'avait pas donné sa passion, j'aurais pu faire quelque chose d'horrible. Parce qu'à ce moment-là mon enfant et d'autres personnes m'ont demandé de quitter la maison* ».

Z: Oui, monsieur?

MI: « *C'était ma femme et mes beaux-parents qui m'ont dit de sortir*».

Z: Vous êtes allé où, Monsieur?

MI: *« Car d'instinct je voulais juste les accueillir. Parce que c'était le temps de Eid (Idul Fitri, le fin du mois du jeûne du Ramadhan) et je voulais prendre mes chemises et ils ont tout mis devant la porte ».*

Z: Ils avaient quel âge, vos enfants?

MI: « *un était en primaire et l'autre en maternelle. Si je m'étais écouté… j' aurais abattu toute la famille* ».

Z: Avez-vous apporté une arme?

MI: *« Normalement j'en ai une ».*

Z: Ou avez-vous trouvé le flingue?

MI: « *je l'ai ramené de Moro. En 2002, pendant le chaos d'Ambon, quand j'étais avec Mer-C, j'ai acheté mon arme* ».

Z: Comment est-il possible?

MI: « *C'est facile* ».

Z: vous n'étiez pas attaqué?

MI: « *J'ai ma propre technique. J'apprenais aux gens comment devenir terroristes. Après l'incident Eid, j'étais blessé par les femmes. Mon ex-femme était mon premier amour; je n'avais jamais été en couple auparavant. J'étais tellement blessé* ».

Z: Redites-moi pourquoi vous vouliez prendre votre chemise ?

MI: « *Quand on m'a demandé de partir, ce n'était pas un ordre de ma femme, c'était sur ordre de ma belle-mère. Si j'aurais suivi mes émotions, je les aurais tous flingués avec mon AK-47. Quand j'ai apporté mon arme, j'ai rencontré mon Ustadz. Et je lui ai dit je veux tuer la famille de ma femme* ».

Z: Vous avez tué combien de gens?

MI: « *Bah beaucoup, plus de 100* ».

Z: Avec quelle arme?

MI: *« Épée, flingue, couteau ».*

Z: Vous avez tué pourquoi? Pour vous défendre ou pour attaquer?

MI: *« Tu tues ou tu te fais tuer. J'ai attaqué, en premier, parce que j'étais dans un zone de guerre. Pour moi, tuer des non-musulmans est un devoir car ils nous ont tués (les musulmans) d'abord. J'ai vu comment ils font et ce n'est pas juste qu'ils coupent la tête. Ils les étripent ».*

Z: ils ont tué des musulmans au hasard?

MI: « *Ils les ont trouvés dans les champs* ».

Z: Comment savaient-ils lesquels étaient musulmans et lesquels non?

MI: « *En regardant leur visage, on le sait. On les a attaqués à l'aube* ».

Z: Est-ce que le Mer-C sait ce que vous avez fait la bas?

MI: « *Je viens de KOMPAK, pas Mer-C* ».

Z: Vous travailliez comme bénévole à KOMPAK?

MI: « *Non, comme instructeur. Quand je suis allé à Ambon j'étais avec des anciens d'Australie, de Moro, de Bosnie, des Philippines, du Brunei, de Palestine, comme instructeur* ».

Z: Comment pouviez- vous devenir membre de Mer-C?

MI: *« Après avoir été poursuivi par la police parce que j'étais accusé d'être un terroriste. Parce que je pouvais me servir de plusieurs armes. À la différence de mon ami Imam Samudra, c'était différent. Ils avaient la permission d'utiliser une bombe, moi non ».*

Z: Comment savez-vous que vous étiez poursuivi?

MI: « *C'est un pressentiment. Parce que j'ai eu un entrainement militaire, donc j'en étais conscient. Et j'avais beaucoup d'expériences acquise au sein des groupes terroristes* ».

Z: Quelle est le lien entre les groupes terroristes et les militaires?

MI : « *Pendant mon instruction militaire je ne pensais qu'aux versets du Coran* ».

Z: C'était quand, monsieur?

MI: « *Depuis le lycée jusqu'à l'université.*

Cela ne faisait que deux semaines que j'étais à l'université et subitement j'ai été convoqué à la Mosquée pour aller à Ambon en 1999. J'avais seulement 50,000 rupiahs. Mais mon Ustadz m'a dit, ne t'inquiète pas parce que les pèlerins fournissent tout. J'ai appelé mes parents et ils étaient scandalisés. Mais comme un bon pèlerin je dois suivre les ordres directement, sans hésitation ».

Commentaires des dessins

Dessin d'enfance **C**

Z: C'est ça votre dessin d'enfance, n'est-ce pas? Est-ce que vous pouvez me le décrire, s'il vous plait.

MI : « *J'ai tenté de dessiner la montagne Krakatau. C'est à Banten* ».

Z: Vous êtes allé à Banten pendant les vacances?

MI: « *Oui, j'ai pris le bus tout seul. Mon grand-père vivait là-bas. Le point culminant est la montagne de Pulosari et ça c'est la cabane de mon grand-père, ici il y a un puits et là, aussi il y a la mer.*

Z:Vous êtes là?

MI: « *J'y étais, mais je ne veux pas me dessiner* ».

Z: Alors dites-moi ou vous étiez.

MI: « *Dans la cabane* ».

Dessin des mains H

Z: Pourriez-vous dessiner des mains?

MI: « *Je ne veux pas parce que j'ai peur* ».

Z: Tentez juste, monsieur.

MI: « *D'accord, la main de qui?* »
Z: C'est à vous a décider monsieur... À qui est la main.
MI: *« Sais pas ».*
Z: Qu'est-ce qu'elle représente ?
MI: « *C'est bizarre car ce n'est pas symétrique* ».
Z: Y-a -t-il un rapport entre vous et ce dessin?
MI: « *il y'en a, je crois que c'est le pouce* ».
Z: Quelle main?
MI: « *La droite* ».

Dessin de la main qui gêne D

Z: Alors dessinez une main qui vous gêne, une main qui vous dérange.
MI: « *ok* »
Z: voulez-vous la colorier?
MI: « *non, car ma main est noire* ».
Z: Que fait cette main ?
MI: « *Cette main veut frapper* ».
Z: frapper qui?
MI: « *un arbre* »
Z: C'est quelle main, Monsieur?
MI: « *La gauche* »
Z: Vous avez terminé?
MI: « *elle est bizarre !* »
Z: Y-a-t-il un rapport entre vous et cette main?
MI: *« Non, mais c'est ma main ».*

Analyse des dessins du Davido- CHaD, par Zulfa

MI avait besoin des premières 45 minutes de l'entretien pour exprimer ses ressentiments (catharsis) sur son expérience traumatisante au sein de sa famille. En fait, toute sa vie de famille, depuis que MI était tout petit jusqu'à son deuxième mariage, était vécue sur un mode de traumatismes successifs.

Il est possible que MI veuille couvrir ses grandes inquiétudes à propos de son passé et sa vie familiale en exagérant son histoire :

• en racontant qu'il a tenté de tuer la famille de sa femme

• de plus son expérience au sujet des centaines de personnes qu'il avait tuées à Ambon, surtout avec une épée et un couteau, ne me semblent pas plausibles : d'après ma propre expérience « *quand j'ai été envoyé à Ambon en 1999* », ne colle pas avec l'histoire de MI. Les meurtres à Ambon (conflits sectaires) étaient une guerre, où l'on utilisait des armes à feu et des bombes, mais pas d'armes tranchantes ni de violences physiques, corps à corps.

Cette année-là, j'ai été aussi envoyé à West Kalimantan, pour étudier le conflit interethnique, et il y a eu plusieurs meurtres avec des armes tranchantes y compris des décapitations et l'ingurgitation d'organes. Mais je crois aussi qu'il exagérait quand il a raconté toute cette histoire sur ses capacités militaires pour échapper à la police. Il est probable que son rôle n'était pas si important qu'il le prétend et/ou il n'y a pas assez de preuves de ses engagements dans aucun crime, raison pour laquelle la police ne l'a pas arrêté.

En dessinant deux montagnes, un soleil, une rizière et une rue c'est très typique comme dessin pour n'importe quel enfant indonésien, surtout à Java et Bali où la nature fournit un paysage semblable, presque partout. Toutefois, la maison dans le dessin d'enfance est atypique. Elle est particulière, parce que la maison est proportionnellement trop petite par rapport à la taille du dessin entier. Dans la petite maison, où dit se trouver MI. est encore plus petite que la maison, c'est une cabane. Ça peut symboliser sa propre image et le représenter comme un personnage petit et faible, qui s'isole de la réalité en fuyant son père cruel. C'est d'ailleurs chez ses grands-parents qu'il trouve la sérénité.

Quand on lui a demandé de dessiner des mains, MI a refusé. Cette attitude de ne pas vouloir dessiner des gens, des animaux, ou des partis d'eux-mêmes (comme des parties du corps humain) est courante chez quelques musulmans qui croient que leur religion leur interdit de représenter une image d'humain et/ou d'animaux. Il est probable que MI fasse partie d'un tel groupe. Toutefois, il est aussi possible que MI ne voulait pas dessiner tout simplement parce qu'il n'a pas confiance dans sa capacité de dessiner. Cette explication est très fréquente chez les indonésiens aux quelles un psychologue demande de dessiner (n'importe quel objet). Toutefois, à la fin MI est prêt à dessiner pour l'examen psychologique. Après avoir vu son propre dessin, il ne l'aime pas. «C'est bizarre,» dit-il. «C'est asymétrique.»

En dessinant D, MI a eu encore des réactions inconsistantes. Quand on lui a demandé s'il veut utiliser les crayons de couleur ou pas, sa réponse est négative: *«non,» dit-il, «ma main est noire. Pas besoin de mettre la couleur dans le dessin.»* Toutefois, il met de la couleur dans ses dessins. C'est en marron, tenant une branche verte d'un arbre. Selon Davido, quand on met de la couleur dans le dessin D, ça peut indiquer de la violence et/ou des velléités de meurtre. Mais il n'aime pas le dessin. *«C'est bizarre»* dit-il. Mais ce qu'est vraiment bizarre ce sont ses déclarations contradictoires. D'un côté il dit que «non, la main n'a aucune rapport avec moi.» De l'autre-il dit, «Mais oui. C'est ma main.» Comment se peut- il que *«ma main»* ne puisse avoir aucun rapport avec moi? Dans une perspective psychanalytique, ça peut représenter un conflit inconscient entre reconnaissance et déni de sa propre image. Il est confus sur ses capacités d'être un homme fort (capable de tuer des gens, présentant un grand talent au niveau de l'intelligence militaire, de la légitime défense, etc.) ou bien c'est tout simplement un être faible qui a peur d'être torturé par son propre père. Il est aussi confus sur l'image de sa mère. D'un côté il a une image très positive de sa mère, qui l'a toujours protégé de son père, et de l'autre côté, il rencontre un autre type de mère, sa première femme, qui le trompe avec un autre homme en oubliant ses propres enfants. Dans cette confusion, MI a tout le temps besoin de quelque chose auquel il peut se raccrocher. Dans le dessin de la main qui gêne **D**, symbolisé par la branche de l'arbre qu'il tient avec sa main. Il a tenté de le nier en disant que cette main n'a aucun rapport avec la sienne, mais il ne peut pas non plus éviter le fait de déclarer que la main lui appartient vraiment.

Conclusion

Si on jette un coup d'œil sur MI, on a l'impression qu'il est un bel homme, avec un corps bien bâti, et un tempérament calme et mature. Actuellement il a une famille agréable, un travail stable avec un avenir prometteur pour l'évolution de sa carrière en tant que personnel apprécié dans une association de sécurité, ce qui le rend plus sûr de lui.

Cependant, ses expériences d'enfance ne sont pas très positives... Il est né dans une famille très cultivée de la classe moyenne. Son père était ingénieur, diplômé d'un célèbre institut d'ingénieurs à Bandung, où il travaillait comme employé par le gouvernement local de Jakarta. Tous ses 5 enfants ont eu une bonne éducation, y compris MI et sa sœur qui travaille actuellement comme médecin. Le père de MI n'a pas non plus envoyé ses enfants dans une école Islamique bien qu'ils soient des descendants des fondateurs de Darul Islam. C'est pour ça que MI n'est pas un terroriste indonésien typique, venant d'une des familles radicales, des organisations radicales, ou des persantems.

MI semble être devenu radical en réaction des maltraitances que lui a fait subir son père. C'est le seul enfant (parmi les cinq autres de son père) qui a été maltraité par son père. Il en avait peur, le haïssait, et était en colère envers son lui, mais il ne pouvait rien faire. C'est seulement sa mère qui le défendait des mauvais traitements de son père. Donc il s'est échappé chez son grand-père à Banten, où il pouvait trouver un peu de sérénité, pour un court laps de temps.

Ses autres échappatoires l'amènent à étudier l'Islam, à se radicaliser, à devenir membre d'organisations radicales, à aller à la guerre, à apprendre l'art martial, etc. Il se montrait comme un homme fort et sûr de lui, soutenu par une famille affectueuse.

Son tempérament et ses tendances violentes se sont beaucoup atténuées depuis notre première rencontre, au cours de notre projet de déradicalisation en 2009. Mais cela ne veut pas dire que sa personnalité n'est pas fragile ! Une fois, à la fin de l'année 2011, il s'est fait mettre à la porte par son chef parce qu'il a défendu quelqu'un qui était traité injustement par la Société où il travaillait. Là, il était très fâché, donc il voulait revenir à son organisation radicale et répéter ses actes violents contre le gouvernement et les gens qui sont injustes. Heureusement il s'est fait recruter par une meilleure association de sécurité avec un meilleur salaire et une meilleure carrière, ce qui le rassure encore plus et le valorise. Sa personnalité fragile ne peut s'affirmer et devenir forte que s'il se sent soutenu par sa famille, son travail et la société, etc.)

10. Cas d'un pédophile serial killer

Babeh

En janvier 2010, une mère alerte la police au sujet de la disparition de son fils de 9 ans Adi. La police a trouvé, récemment un corps d'enfant en partie démembré sur un marché et une tête d'enfant dans une rivière. Chaque partie était enfermée dans des bacs à glace et/ou des sacs poubelles. Cela ne prit pas longtemps à la Police pour remonter au présumé coupable, car la mère d'Adi était une voisine de Babeh, vendeur ambulant, pour lequel le petit garçon travaillait depuis six mois. Il revenait voir sa mère fréquemment et cela faisait trois jours que le petit garçon n'était pas rentré chez lui.

Babeh est le 11ème de 12 enfants dont les parents sont très pauvres et travaillent pour des propriétaires terriens. Il avait beaucoup de retard scolaire, ses parents et le voisinage le nommaient « le débile »… Lassé d'entendre ces quolibets, à l'âge de 12 ans, il s'enfuit de sa région pour aller vivre à Jakarta. Il dort dans les rues d'un quartier d'homosexuels. Une nuit, sous la menace d'un couteau, il se fait violer et ne voit pas le visage de son agresseur.

Après cette expérience traumatisante, il veut quitter la ville et un ami lui propose « un petit boulot » dans une autre ville, où Babeh se rend, pas très éloigné du lieu où il a passé une partie de son enfance. Il s'installe là-bas y travaille quelques années et épouse une femme un peu plus âgée que lui, mais avoue n'avoir jamais réussi à avoir une érection avec elle. Sa femme meurt deux ans plus tard après leur mariage. Puis il revient à Jakarta et devient vendeur des rues. Petit à petit, il a assez d'argent pour se louer un petit appartement et une voiture ambulante sur laquelle il entrepose des aliments et des boissons. Il prend l'habitude de ramener chez lui de beaux petits garçons qui l'aident dans son travail.

Lors de ses interrogatoires Babeh déclare qu'il prend soin de choisir des enfants « beaux et propres » pour l'aider et que cette sélection se fait parmi les enfants des rues qui chantent plutôt que parmi les enfants mendiants à qui il reproche leur côté négligé et sale. Il ajoute « qu'il gâtait beaucoup ces enfants et que les enfants l'aimaient beaucoup ». À tel point qu'ils le surnommaient Babeh, diminutif affectueux « papa ». (En indonésien). Babeh les autorisait à garder « leurs pourboires » et même les logeait et les nourrissait. Bref, le père idéal… C'était la partie de l'iceberg que voyaient ceux qui côtoyaient Babeh…

Craignant d'être rejeté par ces petits garçons, il n'osait pas leur demander d'avoir une relation sexuelle avec lui, il se contentait de leur donner un bain et de les laver, puis il les étranglait avec une corde. Une fois l'enfant décédé, il le sodomisait. Et c'est dans un souci utilitaire qu'il les découpait à la taille du récipient afin de pouvoir disposer les morceaux plus facilement et il transportait ses bacs à glace bien remplis et allait les enterrer dans des endroits éloignés les uns des autres.

Ce souci obsessionnel de propreté a été décrit par ses compagnons de cellule qui l'avaient connus des années auparavant, car il avait déjà été emprisonné presque deux ans pour avoir kidnappé un petit garçon. Ses ex-compagnons de cellule le décrivent comme un homme « normal » et « sympathique », l'un d'entre eux dit que les magazines avec des filles dénudées, ne l'intéressaient pas et qu'il ne se masturbait pas. Son seul plaisir en prison était de laver les vêtements des autres prisonniers, à leur place. La propreté était pour lui un rituel très important.

Lors de son interrogatoire Babeh avoue avoir tué (au moins) 14 enfants âgés de 9 à 12 ans, en 7 ans. Les recherches des corps ont eu lieu dans les trois dernières villes où il avait vécu et c'est Babeh, lui-même qui montre les endroits où la Police doit creuser la terre, lors des reconstitutions.

On peut parler de nécrophilie : il a des relations sexuelles avec ses victimes, post mortem.

D'une compulsion à la répétition, il opère toujours sur le même mode, il étrangle et sodomise après avoir lavé l'enfant. Puis il découpe le corps en morceaux et va les disséminer dans des lieux divers.

Il a été capable pendant toute cette période de tuer, sans être soupçonné.

Mais cette fois, l'enfant habitait dans le voisinage et travaillait pour Babeh depuis six mois. La mère apprit vite, d'après les témoignages, que la dernière personne à avoir vu son fils ne pouvait qu'être Babeh. La Police interrogea Babeh qui resta très évasif et pour vérifier le peu d'informations que donnaient Babeh la Police se rendit à son domicile. À leur grande surprise, ils trouvèrent des cordes, des bacs à glace semblables à ceux où on avait retrouvé le corps mutilé ainsi que des sacs poubelles similaires. Tout paraissait « évident »… et Babeh avoua qu'en 7 ans, il avait tué quatorze enfants âgés de 9 à 12 ans. « La faute » qui a permis de mettre fin à ce triste scénario est que Babeh choisisse un beau petit garçon qui était le fils « adoré » de sa voisine. C'est le Lieutenant Sri Lestari, Psychologue de la Police qui fait passer le CHaD, elle fait partie de l'équipe du Pr Sarlito, Responsable de la Formation des Policiers. Le « cas Babeh » a été étudié par de très nombreux psychologues et Babeh prenait soin de paraître « débile » afin de rester le plus évasif possible.

Passation du Davido-CHaD

Normalement, le Davido-CHaD est un test que les sujets passent entre 10 et 20 minutes. Dans le cas de Babeh, le test a duré 45 minutes, car les temps de latence entre chaque item étaient longs, au moins 5 minutes. La psychologue ajoute dans ses commentaires qu'il ne s'est pas prêté de bonne grâce à la passation de ce test. On remarque qu'il a des difficultés à être spontané. Dans les autres expertises, il devait décrire une imagerie et/ ou une situation. Ce qui lui permettait de prendre du recul par rapport à la situation et de masquer ses propres émotions. Cette fois, c'est lui-même qui se met en scène… Il se sent perdu, car il ne sait plus comment éviter de se « livrer » : il sent qu'il devient l'auteur de sa propre histoire.

Dessin d'enfance C

FIG 077

Babeh, 49 ans : le dessin d'enfance C

Babeh dispose d'un crayon noir et d'une boîte de crayons de couleurs, il choisit le crayon bleu. Sa représentation graphique est très originale. On remarque : 2 arbres (dont un « beringing tree » arbre indonésien qui a une connotation magique ou spirituelle à Java), une cabane dont sort un personnage, un poisson et une poule chacun bien détaillés, écailles, plumes et gésier.

Les *caractéristiques graphiques* évoquent une pathologie :

Hétéroclisme : hormis un rapport à la nature, ces représentations n'ont rien à voir entre elles, on ne voit pas de scènes campagnardes. Mais cet hétéroclisme est atone, figé par l'uniformité de la couleur, celle de la taille de chaque item : ils sont comme classés, bien rangés, chacun à sa place, aucun enchevêtrement comme chez les psychotiques

Cette apparence figée vient de l'absence totale de toute régression : le dessin est un dessin d'enfance reconstruit, il n'a aucun caractère « enfantin », la perspective de la cabane, l'aspect des arbres ne laissent aucun doute. Ce n'est pas un dessin régressif, comme le sont les dessins d'enfance.

Il y a un certain *exhibitionnisme* sexuel crée par le tronc et une branche de l'arbre de gauche,

Il y a un *rapport à la mort* avec un personnage « en fil de fer »: ce genre de personnage fil de fer renvoie peut-être à un désir de mourir ce personnage semble fragile et se déplace tel un funambule sur un trait. Tout personnage est une projection de soi, il peut s'agir de Babeh.

On peut se poser la *question des limites* : on a plutôt l'impression d'un manque de limites comme si c'était celles de la feuille qui avait arrêté le catalogue d'objets. Le sujet « signe » ses représentations comme un peintre signe ses toiles.

<u>Commentaires du dessin d'enfance, C</u>

Le Lieutenant Lestari pose des questions.

LL. : Que fait Babeh?

B : Babeh ne fait rien, il est juste dans la cour.

LL : Quelle est cette race d'arbre ?

B : c'est un « beringin*[7] ». Quand Babeh était petit, il aimait jouer dans la forêt et voyait cet arbre. Babeh voyait aussi cet arbre le long de la route.

---

7. Le *beringin* est un arbre très courant dans les villages et les villes de Java. C'est un arbre très haut avec des feuilles épaisses et d'énormes racines. Beaucoup de croyances y sont associées, il aurait un pouvoir magique et spirituel.

LL : pourquoi Babeh dessine-t-il un poisson ?

B : Quand il était petit Babeh aimait pêcher.

LL : Le Lieutenant Lestari pointe du doigt le poulet et lui demande et ça ?

B : C'est un poulet, quand Babeh était petit, il aimait élever les poulets.

Les commentaires du sujet sont originaux car :

Babeh parle de lui à la 3ème personne, comme le font les enfants de 2 ou 3 ans (est-ce un signe de déficience intellectuelle ?) ou son ego est-il démesuré ?

Il attribue à ses détails hétéroclites des scènes d'enfance, certes fragmentées elles aussi, mais cela a bien trait à son enfance.

Si ce dessin d'enfance est cohérent dans son discours, les dessins éparpillés et sans aucun lien entre eux, donnent du sujet un profil psychopathologique.

Babeh situe son dessin à l'âge de 9 ans. Nous savons que la date du dessin d'enfance est toujours l'époque où il s'est passé un fait majeur pour l'évolution de la vie du sujet : l'anamnèse nous apprend que c'est à cet âge que Babeh aurait été abusé sexuellement par une personne de son entourage

On peut penser que la sexualisation de l'arbre de gauche, comme elle apparait dans le dessin d'enfance peut être, justement, liée à cet abus. D'autre part, les animaux représentés sont des animaux que l'on découpe… avant de les manger.

Dessin des mains H

FIG 078

Babeh 49 ans : dessin des mains, H

Commentaires du dessin des mains H

À la question posée par le Lieutenant de Police Lestari, que fait cette main ? Babeh dit que ses mains c'est une «simple poignée de main », une main qui serre la main, parce que « chaque fois qu'une personne rencontre quelqu'un, elles se serrent toujours la main ».

Les commentaires du sujet sont une fois de plus originaux et renseignent bien sur la personnalité de Babeh. Bien que cette main soit faite par le contour de la main gauche posée à plat, elle est aussi pathologique par :

Son caractère unique et sa grande taille qui rappellent un ego hypertrophié associé à la signature du dessin. Le nombre de détails anatomiques : visualisation des articulations et surtout des ongles qui donnent aux doigts un aspect sexué très similaire à celui des branches de l'arbre magique du dessin d'enfance

À moins que ce ne soient des détériorations comme pourrait l'indiquer les ratures du bas, mais cela reste assez modeste. À noter :

• que Babeh est peu communicant : comblement des interstices entre les doigts

• ne se sent pas coupable : poignet bien ouvert

• la main est dessinée en bleu.

• toute « main colorée » renvoie à des pulsions de violence, les criminels mettent de la couleur dans le dessin des mains.

• Si l'on rapproche le style graphique des doigts de la représentation des branches de l'arbre, magique… Il y a une connotation sexuelle : doigts coupés, comme les branches.

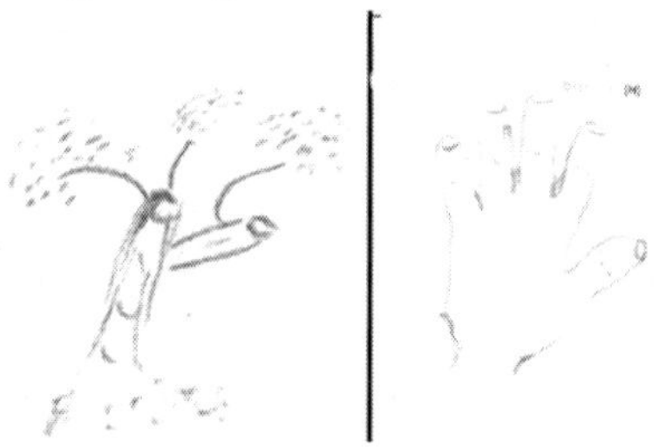

FIG 079

Doigts du dessin des mains semblables aux branches du dessin d'enfance

Commentaires du dessin des mains : Babeh utilise un mot-clé, serrer la main, lorsque l'on rencontre quelqu'un. Il y a donc un besoin de « toucher » l'autre, pour rentrer en contact avec lui.

Dans les cas d'abus sexuels et/ou d'abuseurs, on retrouve ce besoin de toucher, quelque chose et /ou quelqu'un.

Dessin de la main qui gêne D

FIG 080

Babeh 49 ans : dessin de la Main qui gêne D

Le graphisme de cette main est très différent : la main est très petite, *créée* cette fois-ci, et surtout colorée et autour bordée de jaune. Elle frappe par ses couleurs, elle ne présente plus de composante sexuelle. Le dessin est également signé.

Cette main évoque la pathologie car c'est sa main ; Babeh se l'approprie, c'est sa main quand il jouait « coreng*[8] » avec d'autres enfants quand ils étaient petits garçons. Elle le dérange car « la main de Babeh est sale » dans ce jeu, on tachait de noir la main du « perdant » et Babeh n'aimait pas avoir les mains souillées.

Suite très originale :

FIG 081

Babeh 49 ans veut faire un dessin libre FD

8. Jeu où le perdant porte une trace noire sur sa main. Babeh n'aimait pas avoir les mains sales

Alors que les trois dessins sont terminés, Babeh insiste fortement pour faire un autre dessin. Le testeur accepte et Babeh dessine un paysage en bleu et vert.

C'est un vrai dessin d'enfance, de type indonésien, avec deux montagnes, les rangées d'arbres le long des routes, les cabanes avec soleil et quelques nuages.

Réponses aux questions :

– c'est un volcan de Yogyakarta, il le voyait en rentrant chez lui

– pourquoi deux maisons : « c'est la maison de la population locale et une maison de camping (au milieu) ;

– êtes-vous dans le dessin : « Babeh n'est pas là »

– pourquoi : « Babeh regarde par la fenêtre de la voiture, Babeh est assis sur le siège arrière »

Remarques sur la personnalité de Babeh : le Davido- CHaD montre un sujet pathologique :

– ayant un rapport à la mort et porteur d'un ego hypertrophié,

– dans aucun dessin il ne sent pas coupable

L'exhibition sexuelle est franchement évoquée dans l'arbre du dessin d'enfance : des branches tronquées surgissent des éruptions, quasi volcaniques que l'on rencontre chez les êtres violents et souffrants de troubles sexuels. (arbre, doigts).

Est-il « un débile » ? car il parle de lui à la 3e personne : non, il dessine un paysage banal, il fait preuve de beaucoup d'observation pour le poisson et la poule. Peter Vronsky[26.] cite un tueur en série Ted Bundy « parlant à la troisième personne, chaque fois qu'il était interrogé sur ses crimes ». Est-ce une particularité des « tueurs en série » ?

Est-il psychotique au sens large du terme ? oui, puisqu'il s'approprie la main qui gêne, sans avoir de maladie physique et que pour son dessin d'enfance, il dessine des détails hétéroclites mais

• ceux-ci sont facilement identifiables, bien alignés, équilibrés entre eux, non enchevêtrés et leur commentaire est cohérent.

• les temps de latence sont très longs mais pas déséquilibrés entre eux

• la main H, révèle plus de l'exhibition que de la détérioration

Est-il abuseur ? C'est possible car il utilise, pour la main H, un mot-clé mais de façon détournée.

Conclusion le fait que la psychologue ait accepté que Babeh dessine un 4e dessin, le dessin libre (Free Drawing : FD) que nous n'utilisons, en protocole, que pour les enfants jusqu'à 12 ans… nous a permis de révéler que la psychopathologie manifeste du dessin d'enfance comme l'incohérence, la dissémination etc. avait totalement disparu dans ce 4ème dessin réclamé par Babeh.

C'est une piste très intéressante, car ce dernier dessin est « cohérent » et ressemble aux dessins d'enfance des autres sujets. C'est un peu, comme si le CHaD-test avait joué un rôle thérapeutique et avait permis à Babeh de révéler une certaine cohérence.

Mais l'on peut aussi interpréter ce dessin libre, comme une façon de *vouloir « manipuler »* le psychologue qui lui fait passer un test qu'il ne connait pas. Car Babeh est livré à lui-même dans ce test… il a peur de l'inconnu car il hésite toujours à se lancer, il prend le temps de la réflexion… Comme dans les cas d'abuseurs sexuels, le nounours et Jean-Luc, qui se retrouvent perdus face à eux-mêmes, ne sachant plus comment masquer… leur culpabilité. Cette hypothèse de la capacité de Babeh à manipuler et donc d'avoir été un bon stratège pour organiser ses crimes est très probable car le Davido-Chad montre qu'il n'est pas débile.

Pour Babeh, la culpabilité était liée à la main tachée de noir de celui qui perdait au jeu. Babeh semble s'être battu toute sa vie pour être propre et vivre avec des gens propres. Il se retrouve un peu, comme Barbe-Bleue, désigné, comme coupable, à cause d'une tache indélébile… sur la clef du cabinet où étaient entreposées ses victimes…

11. Cas de sujets immigrés

a) Le cas de R

R. est une jeune femme âgée de 26 ans, venue du Guatemala et désirant émigrer aux USA. Le Dr Giselle Hass*[9] examine cette

9. Le Dr Giselle Hass PhD est, à Washington DC, Expert médico-légale auprès des Tribunaux pour l'immigration..Elle est Professeur de Droit à la

candidate à l'immigration. Cette dernière est très gênée par tout ce qui touche à l'écrit, elle ne sait pas lire, le Dr G. Hass lui propose le Davido-CHaD.

<u>Dessin d'enfance</u>

Sans aucun temps de latence, R. s'applique avec méthode et concentration. Elle dessine une maison, une route, quelques fleurs, des arbres et deux personnages : un devant la porte, un autre sur le chemin. R. met six minutes pour dessiner et ne met aucune couleur dans son dessin.

FIG 082

R. 26 ans, dessin d'enfance C

Commentaires : « *C'est le dessin que j'aimais faire, à l'école quand j'étais petite, j'aime dessiner des fleurs, tout était beau, je jouais à la poupée et dans la forêt avec mes amis. J'étais pauvre, mais heureuse. C'est moi quittant la maison pour aller à l'école* ».

Georgetown University Law Center.

Dessin des mains

R. dessine quatre mains, coupées au poignet. Elle commente :*« Ce sont des mains qui bougent, elles veulent attraper quelque chose ».*

Dr G.H.- quoi ?

R. :*« Moi, non, un objet, elles bougent et veulent attraper quelque chose pour travailler avec, un balai par exemple ».*

FIG 083

R. 26 ans, dessin des mains H

On peut noter le grand nombre de mains, elles sont en mouvement, elles veulent attraper quelque chose, le Dr Hass demande quoi ? Et R. répond « moi »… et rajoute non quelque chose…

Nous savons que des mains en mouvement qui veulent attraper quelqu'un et/ou quelque chose… signent de la violence, la dépression : plus on bouge… plus on lutte contre la dépression Cf. le cas de Laurent qui ne restait pas en place. D'autre part, on peut souligner une présomption d'abus sexuels : ce sont des mains qui « attrapent ». Ces mains témoignent aussi de la dépression de leur auteur, car on ne reconnait pas l'intérieur et/ou l'extérieur.

Dessin de la main qui gêne D

« C'est une main sans repos, je ne sais pas, elle n'est pas tranquille, elle me dérange, comment je peux vous dire, cette main ne veut pas être se reposer. Il faut qu'elle se déplace, qu'elle touche quelque chose ou fasse quelque chose ».

À qui appartient-elle ?

« C'est la mienne, ces mains ce sont les miennes ».

Qu'est-ce qu'elles veulent toucher ?

« Je ne comprends pas, elle est sans cesse en action et veut faire des choses que non… je n'aime pas faire. Je préfère les autres mains, elles sont mieux préparées pour travailler ».

FIG 084

R. 26 ans, main qui gêne D

Conclusion

Les mains bougent sans cesse, ne peuvent pas se poser etc… C'est un moyen pour R. de nous parler de sa lutte incessante contre la dépression. On peut ajouter aussi les traits gris sur le toit de la maison, le chemin qui ressemble un peu aux barreaux d'une échelle, le chemin de l'école un peu compliqué…

D'autre part mentionner des mains qui attrapent qui touchent… sont les maîtres-mots, les mots-clés des sujets abusés sexuellement.

Que ce soient dans « des mains » ou dans la « main qui gêne » : on note que les mains n'ont ni dedans ni dehors, qu'elles n'ont pas d'ongles et aucune ligne.

R. est certainement une jeune femme très sensible, qui parle des fleurs et des bonheurs simples de son enfance quand elle était scolarisée. On sent que maintenant, elle est si déprimée, qu'elle est prête à travailler dur, pour s'insérer dans la société.

b) Cas de Serap [11].

Serap est âgée de 5 ans et 3 mois, est en grande section de maternelle. Son institutrice la signale car elle la trouve immature avec de « sérieuses difficultés » pour écrire et/ou dessiner, elle semble peu capable de passer en C.P… Serap cumule beaucoup de handicaps qui à eux seuls peuvent expliquer les difficultés d'adaptation : arrivée à l'école en cours d'année scolaire pour cause de déménagement, née en novembre donc plus jeune que la majorité des autres élèves, d'origine turque et issue d'une famille aux revenus très modestes.

Serap est une fillette brune et longiligne paraissant intimidée et réservée : elle est née en France, de parents turcs, elle s'exprime en français ; mais paraissant intimidée et réservée, je lui propose d'abord le dessin libre (FD) du Davido-CHaD.

<u>Le dessin libre FD</u> :

C'est un personnage féminin de grande taille. Serap dessine un tronc et une jupe puis s'applique pour remplir l'espace créé en juxtaposant deux couleurs : le tronc est bleu turquoise, puis rouge puis on voit la jupe verte avec au centre une tache jaune sale, raturée de traits anarchiques au crayon vert. À part un court commentaire « *je colorlle* (sic*) la robe* », Serap est très silencieuse, très appliquée ; elle met dix minutes pour délimiter des zones de couleurs différentes comme par étapes successives. Mais malgré les couleurs, le personnage est inachevé, il ne vit pas : visage vide, pas de membres, c'est une sorte de coquille vide

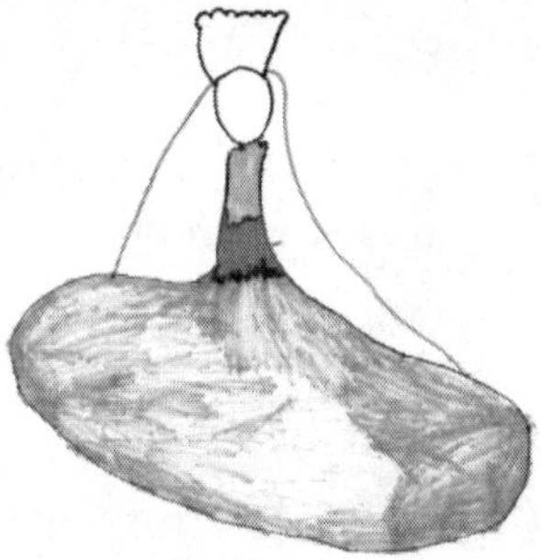

FIG 085

Serap 5 ans 3 mois, dessin libre FD

Dessin d'enfance C :

Sans aucun temps de latence, Serap se précipite sur les feutres ; elle reste très concentrée pour dessiner mais semble contente et plus enjouée car elle commente en dessinant : « *quand j'étais petite, j'avais les cheveux longs, j'étais mignonne…je vais lui faire du rouge à rêve(sic) et une petite fleur…J'avais trois ans, maintenant j'ai cinq ans et demi…* ».

La passation est rapide. Le dessin d'enfance est aussi un personnage féminin d'aspect assez semblable au dessin libre : couronne au-dessus de la tête (accessoire souvent représenté par les fillettes qui jouent à la princesse à cet âge) mais le visage a des yeux aux pupilles marron, un nez vert, une bouche et « le rouge à rêve » n'est pas rouge… mais bleu turquoise ; le personnage avec bras et pieds, peut-être des escarpins, parait vivre ; il est associé à un petit soleil- rouge- et une fleur ; cette fleur est faite avec soin, tige rose, pourtour vert comme le

FIG 086

Serap 5 ans 3 mois, dessin d'enfance C

Remarques

Il y a une régression inversée, le dessin d'enfance, daté à 3 ans, est plus élaboré que le dessin libre.

Dessin des mains H :

Serap se montre hésitante et me dit : « *je pose ma main parce que j'arrive pas… je vais faire une bague… et le collier (le bracelet)* ». Serap est toujours très attentive même si elle est beaucoup plus confiante. Le dessin des mains représente la main gauche contournée de Serap : tous les doigts sont présents avec un pouce un peu dysmorphique et une apparence d'ongle crée par une bague au bout du petit doigt ; un bracelet ferme complètement le poignet.

FIG 087

Serap 5 ans 3 mois, dessin des mains H

Dessin de la main qui gêne D :

Sans temps de latence, Serap dessine une main sans prendre de modèle et elle ajoute : « *C'est ma main à moi, j'ai oublié de faire la bague et le collier* » et elle rajoute la bague et une trace de bracelet.

C'est une *main forteresse* avec des doigts repliés comme pour un poing avec un poignet coupé.

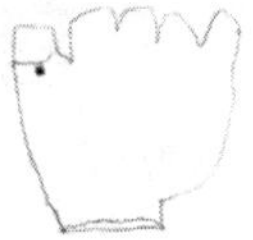

FIG 088

Serap, 5 ans 3 mois, dessin de la main qui gêne D

Enquête

Pour le dessin d'enfance C : « *J'étais dans le parc. Je suis tombée et je suis tombée et après je suis allée à la mairie et j'ai joué avec mes copains et mes copines…c'était le jour de mon anniversaire…pendant toute petite que j'étais au manège…* ». Serap reprend « *j'étais chez ma copine qui s'appelle Samia : viens je vais te donner un cadeau…elle m'a donné une poupée Barbie…mon papa, il a un pansement qu'il garde beaucoup… Aussi on a vu la mer…et la soure* (sic) *Eiffel.* »

Pour le dessin des mains H : « *C'est la main de ma sœur, elle a une belle bague en diamant…elle a 3ans ½…* ».

Pour le dessin de la main qui gêne D : « M*a mère l'a battue* (la sœur)… *il* (son *père) voulait taper ma mère, il voulait taper moi…depuis que j'ai 3 ans il me tape, il me fait autre chose, il me fait des caresses (à ma maison)…*Serap soupire et ajoute : « *à ma sœur aussi…* ».

Remarques

Après cette passation, on peut faire les hypothèses que Serap vit dans un milieu violent (« il tape ») et qu'elle et sa sœur sont peut être victimes d'abus sexuels.

Pour éviter l'aspect abrupt de questions pouvant être trop intrusives et donc inaudibles par Serap, je lui ai demandé de dessiner sa sœur… puis… de me montrer où son père embrasse sa sœur.

Immédiatement, toujours très appliquée, Serap dessine un personnage féminin (le même contenant) mais cette fois avec des yeux sans pupilles, sans regard, vides malgré les cils, un nez, une bouche et curieusement elle ourle le contour du visage d'un gros trait appuyé de feutre rouge comme s'il s'agissait d'une barbe ou d'un pansement (cf. « mon papa a un pansement qu'il garde beaucoup »)

FIG 089

Serap, dessin supplémentaire : « montre-moi où ton papa embrasse ta sœur »

Ce dessin exécuté, je demande à Serap de se dessiner et de me montrer où son papa l'embrasse. D'emblée, elle fait un personnage féminin avec un petit cou (elle a donc le développement intellectuel de son âge) mais toujours une robe-contenant, sans aucune couleur, au visage vide et sans membre. Puis Serap fait des traces au feutre-rouge- sur le visage…là où son papa l'embrasse. La représentation du père est dévalorisée (pas de bras, pas de pieds) même s'il a des yeux, un nez, une bouche mais le fait qu'il soit dessiné en feutre rouge montre qu'il n'est pas fantoche ou inoffensif.

FIG 090

Serap, dessin supplémentaire : « montre-moi où ton papa t'embrasse »

Diagnostic

L'échec scolaire de Serap n'a rien à voir avec le fait que ses parents soient immigrés, ni que l'on parle turc à la maison. Il n'y a pas non plus de déficience intellectuelle, Serap est « seulement » maltraitée.

Les juxtapositions de couleurs corroborent les commentaires de Serap sur l'ambiance conflictuelle de la famille

La régression inversée, le temps de latence très long pour réaliser le dessin d'enfance, le type- forteresse qui tape - de la main qui gêne- attestent de la négation du corps actuel et signe la maltraitance et les violences sexuelles que subit Serap et probablement sa sœur.

Remarque

Serap, tout le long de la passation et de l'enquête s'est montrée particulièrement attentive voire « en attente ». Elle a senti, compris que c'était d'elle, de ses souffrances dont, elle et moi allions parler. Dans le Davido-CHaD, le psychologue doit être alerté par un changement de comportement du sujet [4,12.] : pour Serap, c'est une attention et une concentration majeures contrastant avec sa timidité au début de la passation… et pour d'autres… Elsa, un regard intense.

Épilogue

La maltraitance dans le monde vue du Davido-CHaD

FIG 091 et FIG 092

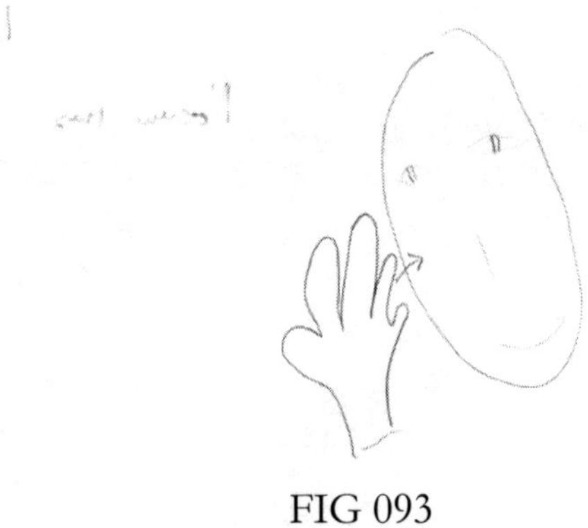

FIG 093

Fillette 5 ans, Sao Polo, Brésil : C – H – D

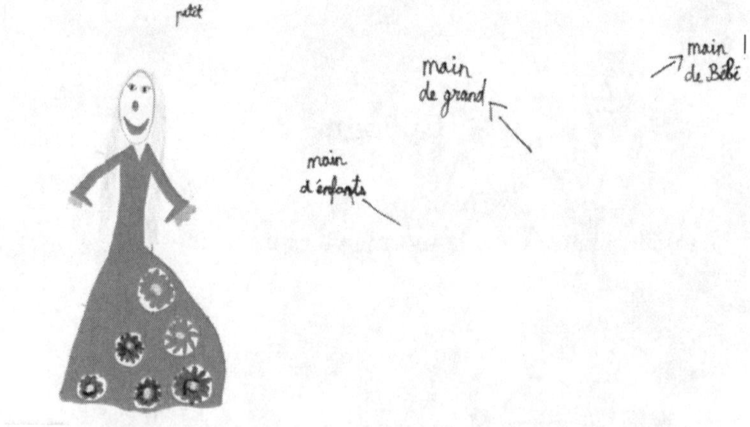

FIG 094 et FIG 095

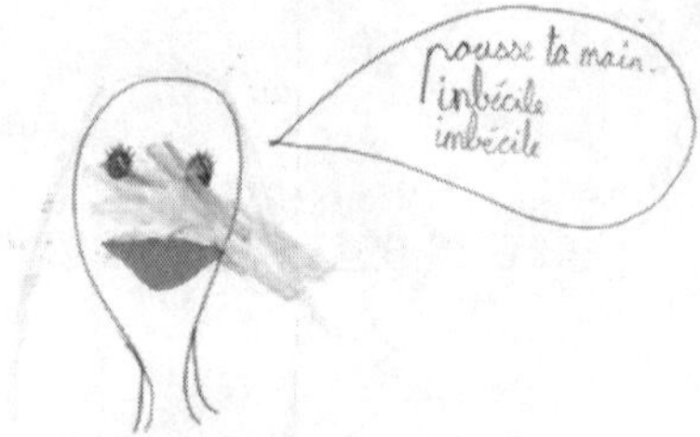

FIG 096
Fillette 8 ans, Paris, France : C – H –D

FIG 097

FIG 098 et FIG 099

Petit garçon 6 ans, Vevey Suisse : C –H –D

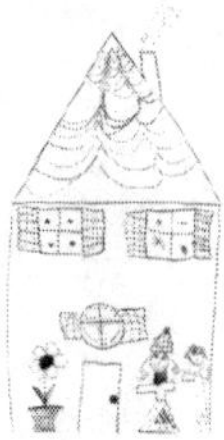

FIG 100 et FIG 101

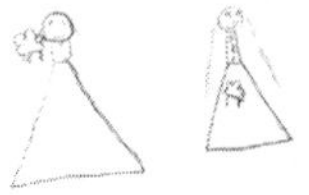

FIG 102

Fillette 6 ans, Lille, France : C – H – D

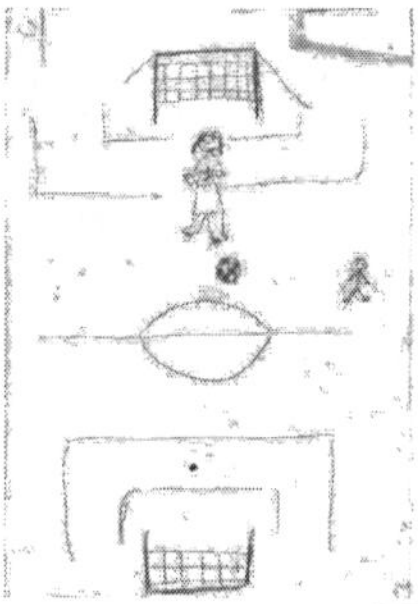

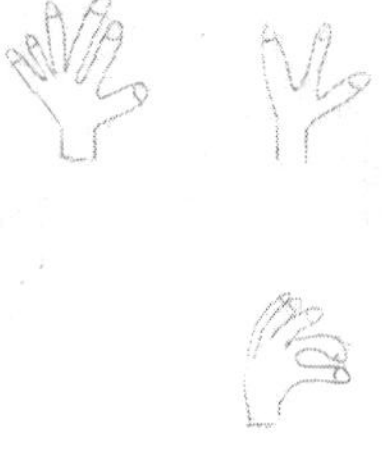

FIG 103, FIG 104 et FIG 105

Jeune femme 25 ans, Porto, Portugal

FIG 106, FIG 107 et FIG 108
Fillette 5 ans, Alaska, USA

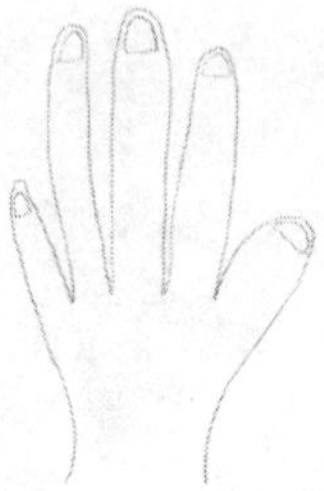

FIG 109et FIG 110

FIG 111
Jeune femme 28 ans, Jakarta, Indonésie : C – H– D

FIG 112

Chaïm Soutine (1893 - 1943)

La maltraitance suit toute la vie, l'enfant devenu adulte : dans le meilleur des cas, c'est « l'artiste » qui trimbale sa maltraitance, ajoute Alice Miller [20].

Alice Miller se pose brusquement la question en visitant une exposition de Soutine à Berne : « *que se passe-t-il dans la tête d'un petit enfant que l'on bât, à plat ventre sur les genoux de celui qui le frappe, la tête en bas, de sorte qu'il voit le monde à l'envers ? Et ce monde tremble, car son corps tremble à chaque coup. Je ressentis cela dans les tableaux de Soutine, avant d'apprendre à la lecture du catalogue que l'artiste avait été souvent battu jusqu'à sang par ses deux parents et qu'il pouvait savoir qu'il serait systématiquement puni parce qu'il aimait tant dessiner ce qui était interdit chez les juifs orthodoxes…* »

De la même manière que tous les enfants maltraités ne deviennent pas des terroristes… ils ne deviennent pas, non plus, tous des artistes géniaux… Dans la majorité des cas les enfants maltraités *gardent le secret de leur fardeau* et tentent « de se faire une raison », en devenant plus vite, plus mature que les autres enfants (alors que l'on imagine qu'ils sont inadaptés !). Ils se fraient un chemin de vie où ils tenteront d'exorciser cette souffrance qui les ronge. Ils peuvent hélas aussi répéter leur propre maltraitance sur leurs enfants ou sur leurs pairs. On peut rappeler le cas de cet adolescent qu'a rencontré Benoît de Prémorel : « Nous citerons de façon incidente le cas d'un jeune garçon de 13 ans et demi, ayant été victime de viol lorsqu'il avait 12 ans et qui a sodomisé un an plus tard son camarade de chambre dans le Foyer où ils étaient placés l'un l'autre. Ce jeune agresseur nous a déclaré *ex abrupto* à propos des faits : « *Si je lui ai fait ça il le refera à quelqu'un d'autre, si on ne le suit pas »* (sic) « *parce qu'il ne sera pas bien dans sa peau. »*

Toute maltraitance de l'enfance peut se terminer en apothéose sublimée par la victime. Mais que de ravages et que de souffrances secrètement endurées au cours de la vie.

Références

Anzieu D., (1985). « Le Moi- Peau ». Paris, Dunod

Baciu O.R., Bocos M., (2011). "Valoarea projectivà a desenului în caracterizarea personalitàtii copilului prescolar". Revistà Nationalà de Profil Psihopedagogic. Bucacrest, Arlequin, 3-4/ 2011, 61-63.

Baciu O.R., Bocos M., (2012). "Art-Terapia la nivel presolar". Revista Nationalà de Profil Psihopedagogic. Bucarest, Arlequin 1-2/2012, 104-111.

Davido R.., (1994). The "Childhood Hand that Disturbs" Projective Test, A Diagnostic and Therapeutic Drawing Test, Translated by Constance Greenbaum; forewards by Leopold and David Abrams. Wesport USA, Praeger.

Davido R., (1985)."Le Dessin de la Main: propositions pour une reflexion projective" PhD.diss. University of Paris VII

Davido R. (1971). La découverte de votre enfant par le dessin. Paris, NOE. (1998) Paris, Archipel. (2012) Paris, Archipel. (2013) Paris, Le Livre de Poche.

Davido R., (1977). Le Davido-CHaD, préface du Pr S. Lebovici. Paris, L'Harmattan.

Davido R., Moreaux C., Baulon A., (1993). « Une approche de l'animation dans les services de long séjour : le Davido CHaD – Test ». Paris, Gérontologie et Société, 66, 1993, 83-89.

Davido R., (2011). « Detecting sexual abuse through the CHaD-Test ». Shaker Verlag, Proceedings of the 67th Annual Convention International Council of Psychologists, July 3-8, 2009, Mexico City, Mexico. 153-159.

Davido R., (2011). "Comprendre Les Gribouillis: un miroir de l'Inconscient". Paris, Éditions du Cygne.

Davido R., (2011)."Quand l'échec scolaire masque les abus sexuels : apport du Davido-CHaD", in « Techniques projectives : 12 cas cliniques » Paris, IN PRESS.

Davido R., (2014). "The Davido-CHaD test in Clinical Practice Projective clinical drawing test". Foreword by Dr Sarlito W. Sarwono. Édition bilingue français/anglais. Paris, Éditions du Cygne.

Davido R., (2015). "Creative minds and methods in Assessment Psychology". Chapters on the Creative Experiences, Processes and Products of Bruhn, Cassel, Davido, Spielberger (by O'Roark), Wagner. Inkwell Productions. Scottsdale USA. 101-131.

De Prémorel B., (1998). « Apport du test projectif Davido-CHaD dans l'expertise psychologique des victimes d'agressions sexuelles », Les cahiers de la Société Française de Psychologie Légale, 3, 53-76.

Duflot C, (1999). Expertise psychologique, procédures et méthodes, Paris, Dunod. 141

Haesevoets Y.H., (2000). « L'enfant en question. De la parole à l'épreuve du doute dans les allégations d'abus sexuels », Bruxelles, *De Boeck Université.*

Haryanto Daniel-Rudi, « Prison and Paradise », Bali Bombers 2006, Documentaire.

Hass Giselle A., (2015). « Using the MMPI-2 in ForensicAssessment. » The American Psychological Association. Washington, DC 4, 69-89.

Jung C.G., (2007)."Essai d'exploration de l'inconscient". Paris, Folio, 50-61,144-173.

Miller A., (1990). « La souffrance muette de l'enfant. L'expression du refoulement dans l'art et la politique ». Aubier,9,20

Powell K., (1998). « Characteristic Features of Two Diagnosis Groups of the Hand That Disturbs You. The third part of the CHaD Projective Test", Rosebridge Graduate School of Integrative Psychology, Walnut Creek California USA.

Prévost C.M., Davido R, (1991). "Le CHaD, projective drawing test". Bulletin de Psychologie, 44, 402, 1991,505-508.

Sarwono S.W., (2012). "Déradicalisation de la personnalité d'ex-terroristes, à l'aide du Davido-CHaD. 10 cas d'ex-terroristes indonésiens ». Paris, Édilivre classique collection.

Sarwono Sarlito W., (2015). "Indonesian Terrorists in Psychoanalytical Perspectives", Foreword by Roseline Davido. Swan World, participation 53-58, 73-78, 86-87.

Thomas D., Edigo A., Duflot C., (2003). « Place du psychologue clinicien, Psychologie et Justice, des enjeux à construire ». Paris, L'Harmattan, 273-289.

Vronsky P., (2004). « Serial killers. The method and madness of monsters. » New York, Berkley Books, chapter 7, 287.

Table des matières

Achevé d'imprimer en France
par Dupli-Print à Domont (95)
en décembre 2015
N° d'impression : 2015122133